佐藤　一齋著
渡邉五郎三郎訳
勝川華舟浄書

言志四録

抄録

人生《じんせい》七十《しちじゅう》古来《こらい》稀《まれ》なり
況《いわん》や復《また》八旬《はちじゅん》稀《まれ》にして更《さら》に稀《まれ》なり
徒《いたずら》に老《お》い今《いま》に抵《いた》る祇《ただ》自《みずか》ら愧《は》ず
平凡《へいぼん》碌々《ろくろく》として有《あ》り何《なん》ぞ稀《まれ》なる

人生七十古来稀洗後八旬稀

更稀従老独今紙自愧呼

反疑々有何稀

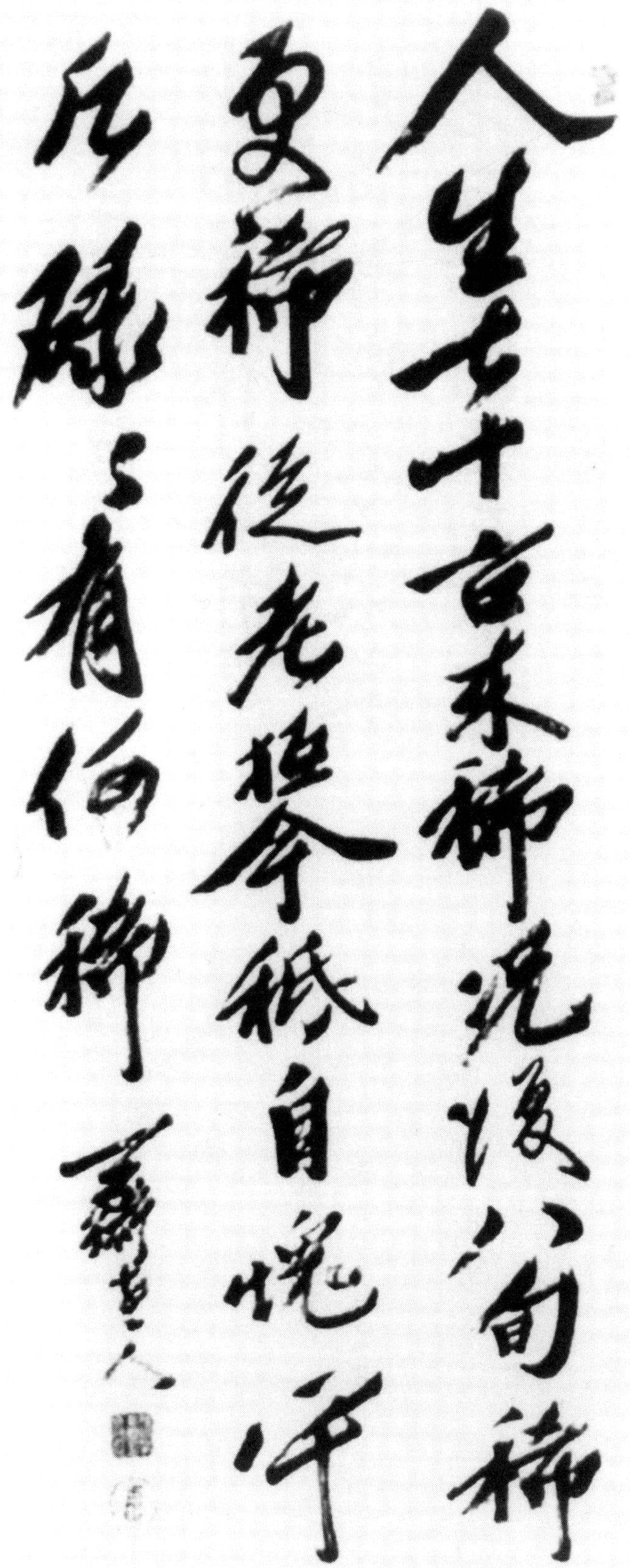

三學戒

少而學則壯而有為
壯而學則老而不衰
老而學則死而不朽

佐藤一齋

三學戒

少《わか》くして學べば　則ち
壯にして為す有り
壯にして學べば　則ち
老いて衰えず
老いて學べば　則ち
死して朽ちず

謾言

落落乾坤人亦無
誰歟自古是真儒
唯名興利多為累
一過此関纔丈夫

佐藤一斎作　勝川華舟謹書

落落たる　乾坤《けんこん》
　人も　亦《また》無し
誰ぞや　古《いにしえ》より
　是　真儒
唯《た》だ　名と利と
　多くは　累を為す
一過此の関を過ぐれば
　わずかに丈夫《じょうふ》

広大なる天地の間にも落落たる真の人物は殆《ほとん》どいない。

いったい昔から誰が真の儒者と言えるのだろう。

多くは名と利欲の為に煩《わずら》わされがちである。

一たびこの名利の関門を通過して後、初めて丈夫《じょうふ》たる資格を得る。

佐藤一斎《いっさい》先生は安永《あんえい》元年（一七七二年）、美濃《みの》（岐阜）巌邑《いわむら》藩家老《かろう》の子として生まれました。名前は坦《たん》、字《あざな》は大道《だいどう》。幼少の頃より儒学に親しみ、林述斎《じゅっさい》、中井竹山《ちくざん》、皆川淇園《きえん》など高名な学者について学びました。文化《ぶんか》二年（一八〇五年）三十四歳の時、林家の塾長に推され、文政《ぶんせい》九年（一八二六年）・五十五歳の時、巌邑藩の藩儒になりました。

天保《てんぽう》の改革に当たり老中・水野忠邦《ただくに》により幕府の儒官に登用され、林述斎亡き後、昌平黌《しょうへいこう》の責任者となり、学を講じました。官では朱子学《しゅしがく》、私塾では陽明学《ようめいがく》を講じ「陽朱陰王《ようしゅいんおう》」と陰口をたたかれましたが、朱子学と陽明学の精神の融合に努めました。

門下生三千人と言われ、佐久間象山《しょうざん》や山田方谷《ほうこく》、大橋訥庵《とつあん》ら俊才を輩出しました。

代表的な著書に『言志四録《げんししろく》』があります。

目次

それ数頃《すうけい》無源の塘水《とうすい》とならんよりは
数尺有源の井水《せいすい》生意窮《きわ》まらざるもの
とならんには若《し》かず

（王陽明「伝習録」）

言志四録　抄録

凡《おおよ》そ事《こと》を作《な》すには、須《すべか》らく天《てん》に事《つか》うるの心《こころ》有《あ》るを要《よう》すべし。人《ひと》に示《しめ》すの念《ねん》有《あ》るを要《よう》せず。

〔訳文〕

すべて事業を行うには、万物を育てる天の意志に率《したが》って行うべきで、他人に誇示する気持があってはならない。

〔参照〕

○「人を相手にせず、天を相手にせよ。天を相手にして己を尽し人を咎めず、我が誠の足らざるを尋ぬべし」（「南洲翁遺訓」）

○「声《おと》もなく臭《か》もなく常に天地《あめつち》は　書かざる経《きょう》をくりかえしつつ」（「二宮翁夜話」）

憤《ふん》の一字は、是《こ》れ進《しん》学《がく》の機《き》関《かん》なり。「舜《しゅん》何《なん》人《ぴと》ぞや、予《われ》何《なん》人《ぴと》ぞや」とは、方《まさ》に是《こ》れ憤《ふん》なり。

〔訳文〕

憤とは奮い立つ心、学問をするにも、何事を進めるにも、この気持が大切である。孔子の一番弟子・顔淵が発憤する時に言った「（古代の聖天子と言われた）舜《しゅん》も、自分も、同じ人間ではないか。出来ないことがあろうか」と言った言葉は、まさに憤の気持をあらわしたものである。

〔参照〕

○『啓発録』　橋本左内（十五歳の時）

一、稚心を去れ
二、気を振え
三、志を立てよ
四、学を勉めよ
五、交友を択べ

立志《りっし》の功《こう》は、恥《はじ》を知《し》るを以《もっ》て要《よう》と為《な》す。

〔訳文〕
志を立てて成功するためには、恥を知るということ心構えが大切である。

〔参照〕
○「日本の文化」を「恥の文化」という外人がいるが、他人に対する恥ではなくて、天・自分自身に対して恥ずかしいということでなければならない。昔から東洋には「俯仰天地に恥じず」という言葉がある。

性分《しょうぶん》の本然《ほんぜん》を尽《つ》くし、職分《しょくぶん》の当然《とうぜん》を務《つと》む。此《か》くの如《ごと》きのみ。

〔訳文〕
人が生まれつき天から授かっている人間としての心、仁・義・礼・智・信の五常の道を誠意をもって努め、それぞれ自分に与えられている立場で、父子の親・君臣の義・夫婦の別・長幼の序・朋友《ほうゆう》の信と言った社会的人間としての義務・五倫の道を実践する。人はただそのようにして生きてゆけばいいのである。

〔参照〕
○「天の命ずる、これを性と謂《い》い、性に率《したが》う、これを道と謂い、道を修《おさ》むる、これを教《おしえ》と謂う」
（「中庸」）

学《がく》を為《な》す。故《ゆえ》に書《しょ》を読《よ》む。

〔訳文〕
我々が学問をするのは、自己修養・吾づくりの為であり、そのために本を読むのであって、本を読んで知識をふやすことではない。

〔参照〕
○「学は己の為にす。己を修むるは安心立命を旨とす。志は経世済民に存す。志を遂ぐるは学による。学によって徳を成し材を達す。成徳達材を立命とす」
（安岡正篤）

（言一三）

面《おもて》は冷《れい》ならんことを欲《ほっ》し、背《せ》は煖《だん》ならんことを欲し、胸《むね》は虚《きょ》ならんことを欲《ほっ》し、腹《はら》は実《じつ》ならんことを欲《ほっ》す。

〔訳文〕
頭が冷静であれば、判断に誤りがない。背中が暖かければ、人を感化して動かすことが出来る。心にわだかまりがなく、さっぱりしていれば、人を寛大に受け入れることが出来る。腹が据わっておれば、何があっても動じることがない。

〔参照〕
○「面冷ならば、従容迫らず事に当ることが出来、背煖ならば、熱烈人を動かすことが出来、胸虚ならば、私意私見を取り除くことが出来、腹実ならば、泰然自若として動じない」

（飯田傳一）

名《な》を求《もと》むるに心《こころ》有《あ》るは、固《もと》より非《ひ》なり。名《な》を避《さ》くるに心《こころ》有《あ》るも亦《また》非《ひ》なり。

〔訳文〕

名声を求めるための欲望があるのはもちろんよくないが、また、名声を無理に避けようとするのもよくない。 共に評判に捉われている人の欠点である。

〔参照〕

○「無名有力の人たれ」

（安岡正篤）

○「寛厚深沈、達識兼照、福を無形に造《な》し、禍を未然に消し、智名勇功無くして、天下陰に其の賜《たまもの》を受く」

（「呻吟語」）

○「謗《そし》る者は汝の謗るに任《まか》す。嗤《わら》う者は汝の嗤うに任す。天公《てんこう》、本《もと》、我を知る。他人の知るを覓《もと》めず」

（佐久間象山）

名を求めるも避けるも非

（言二五）

（言二六）

事《こと》を慮《おもんぱか》るは周《しゅう》詳《しょう》ならんことを欲《ほっ》し、事《こと》を処《しょ》するは易《い》簡《かん》ならんことを欲《ほっ》す。

〔訳文〕

物事を考えるときは周到であり綿密であって見落し等がないことが大切だが、熟慮した上でいざ着手する時には、手早く簡単に片付けてしまうことが大切である。

〔参照〕

○「熟慮・決心・放下・断行」

真《しん》に大志《だいし》有《あ》る者《もの》は、克《よ》く小物《しょうぶつ》を勤《つと》め、真《しん》に遠慮《えんりょ》有《あ》る者《もの》は、細事《さいじ》を忽《ゆるがせ》にせず。

〔訳文〕
本当に大きな志を抱く者は、小さな事柄でも一所懸命に勤め、また本当に遠大な考えを持っている者は、些細な事柄もゆるがせにしない。

〔参照〕
○「照顧脚下《しょうこきゃっか》」　（「禅林類聚《ぜんりんるいじゅう》」）
○「一燈照隅」　（伝教大師、安岡正篤）

（言二七）

今《こん》人《じん》率《おおむ》ね口《くち》に多《た》忙《ぼう》を説《と》く。其《そ》の為《な》す所《ところ》を視《み》るに、実《じつ》事《じ》を整《せい》頓《とん》するもの十に一二。閑《かん》事《じ》を料《りょう》理《り》するもの十に八九、又《また》閑《かん》事《じ》を認《みと》めて以《もっ》て実《じつ》事《じ》と為《な》す。宜《うべ》なり其《そ》の多《た》忙《ぼう》なるや。志《こころざし》有《あ》る者《もの》誤《あやま》って此《この》窠《か》を踏《ふ》むこと勿《なか》れ。

（言三一）

〔訳文〕

現代人は、皆、忙しいという言葉を口に出すが、そのやっていることを見ると、本当に必要な事をやっているのは十のうち一割か二割で、どうでもよい事をやっているのは八割か九割である。又、大したことでもないことを大切な仕事と思っている。これでは忙しいのも当然である。だから大きな志を持っている者は、このような誤りを犯してはならない。

〔参照〕

○「一利を興すは一害を除《のぞ》くにしかず。一事を生《ふ》やすは一事を省《はぶ》くにしかず」

（ジンギスカンに仕えた蒙大国の名宰相・耶律楚材《やりつそざい》）

緊《きび》しく此《こ》の志《こころざし》を立《た》てて以《もっ》て之《これ》を求《もと》めば、薪《たきぎ》を搬《はこ》び水《みず》を運《はこ》ぶと雖《いえど》も、亦《また》是《こ》れ学《がく》の在《あ》る所《ところ》なり。況《いわん》や書《しょ》を読《よ》み理《り》を窮《きわ》むるをや。志《こころざし》の立《た》たざれば、終日《しゅうじつ》読書《どくしょ》に従事《じゅうじ》するとも、亦《また》唯《た》だ是《こ》れ閑事《かんじ》のみ。故《ゆえ》に学《がく》を為《な》すは志《こころざし》を立《た》つるより尚《かみ》なるは莫《な》し。

（言三二）

〔訳文〕

しっかりと志を立ててこれを達成しようと求めるのであるならば、薪を搬び水を運ぶと言った日常の平凡な行動の中にも学ぶべきものがある。ましてや書物を読んで物事の道理を求めようとするのであれば、なおさら気をつけねばならない。志を立てて目的がはっきりしていなければ、一日中読書をしたとしても、単なる暇つぶしにしかならない。だから、本当に学問をしようとするのであるならば、先ず志を立て目標をはっきりさせるより大切なことはないのである。

〔参照〕

〇「聖門の学は大事なり。其の志を立つること大なるを欲す。道を信ずること篤きを欲す。而して之を守るに死を以てす。他事の為めに勝たるること勿れ。俗情《ぞくじょう》の為めに纏《まと》わるること勿れ。勇往向前《ゆうおうこうぜん》、一日は一日より新《あら》たならんことを欲す。若《も》し其の志、名聞利達《めいもんりたつ》にありて聖門徳業の実にあらず、詞章記誦《ししょうきしょう》を以て足れりとなして道徳仁義の奥にあらざるものは此座《このざ》に与《あずか》ることなかれ」

（伊藤仁斎が門人に下したもの）

（言三二）

志《こころざし》有《あ》るの士《し》は利《り》刃《じん》の如《ごと》し。百《ひゃく》邪《じゃ》辟《へき》易《えき》す。志《こころざし》無《な》きの人《ひと》は鈍《どん》刀《とう》の如《ごと》し。童《どう》蒙《もう》も侮《ぶ》翫《かん》す。

（言三三）

〔訳文〕

志のある人は、鋭い切れ味の刃のようなもので、いろいろの魔物もすべてしりごみをして近づくことが出来ない。何かをしようとする意志のない人は、切れ味のにぶい刃のようなもので子供まで馬鹿にするものである。

人《ひと》の言《げん》は須《すべか》らく容《い》れて之《これ》を択《えら》ぶべし。拒《こば》む可《べ》からず。又《また》惑《まど》う可《べ》からず。

〔訳文〕

他人が自分に対して言った言葉は、最初から拒否するのではなく、先ず受け入れてその上で選択すべきである。聞かずに拒否してはいけないし、又、受け入れたあとで決断出来ず、惑うようでもいけない。

（言三七）

能《よ》く人《ひと》を容《い》るる者《もの》にして、而《しか》る後《のち》以《もっ》て人《ひと》を責《せ》むべし。人《ひと》も亦《また》其《そ》の責《せめ》を受《う》く。人《ひと》を容《い》るること能《あた》わざる者《もの》は人《ひと》を責《せ》むること能《あた》わず。人《ひと》も亦《また》其《そ》の責《せめ》を受《う》けず。

〔訳文〕

人の意見や忠告を寛容に受け入れる度量の持主であって、初めて人の欠点を責めることが出来る。又、そういう人の言葉ならば、責められる人もその責めを受け入れるものである。人の意見を受け入れる度量のない人は、他人の欠点を責める資格はないし、また責められる方もそれを受け付けないものである。

〔参照〕

○「学に志《こころざ》す者規模を宏大にせずばある可からず。去りとて唯ここにのみ偏倚《へんい》すれば或は身を修するに疏に成り行くゆえ終始己れに克ち身を修する也。規模を宏大にして己れに克ち男子は人を容れ人に容れられては済《す》まぬものと思えよ（後略）」

（「南洲翁遺訓」）

富貴《ふうき》は譬《たと》えば則《すなわ》ち春夏《しゅんか》なり。人《ひと》の心《こころ》をして蕩《とう》せしむ。貧賤《ひんせん》は譬《たと》えば則《すなわ》ち秋冬《しゅうとう》なり。人《ひと》の心《こころ》をして粛《しゅく》ならしむ。故《ゆえ》に人《ひと》富貴《ふうき》に於《おい》ては則《すなわ》ち其《そ》の志《こころざし》を溺《おぼ》らし、貧賤《ひんせん》に於《おい》ては則《すなわ》ち其《そ》の志《こころざし》を堅《かと》うす。

富貴は春夏の如し

（言四一）

（言四一）

〔訳文〕
金持になるとか、高位につくというのは、丁度気候の温暖な春や夏のようなもので、人の心をだらけさせてしまう。一方、貧乏とかいやしい立場というものは、人の心を緊張させて厳粛にするものである。だから人は富貴の立場にいるとその志をにぶらせ、貧賤の立場にいると、身辺を厳しくして志を固めるものである。

〔参照〕
○「艱難汝を玉にす」
○「禍は福の倚《よ》る所、福は禍の伏《ふく》する所なり」
（「老子」）

分《ぶん》を知《し》り、然《しか》る後《のち》に足《た》るを知《し》る。

〔訳文〕

自分の身分を自覚して、その立場で言行を律してゆけば、現状に満足して生活することが出来る。

〔参照〕

○「君子は其の位に素して行い、其の外《ほか》を願わず」（「中庸」）

○「足ることを知る者は富めり」（「老子」）

○「吾唯だ足るを知る」

知分と知足

（言四二）

（言四三）

昨《さく》の非《ひ》を悔《く》ゆる者《もの》は之《こ》れ有《あ》り、今《いま》の過《あやまち》を改《あらた》むる者《もの》は鮮《すく》なし。

〔訳文〕
過去の悪事や失敗を後悔する人はいるが、現在している事のよくない事を改める人は少ない。

〔参照〕
○「過《あやま》ちては則ち改むるに憚《はばか》ること勿《なか》れ」（「論語」）
○「過ちて改めざる。是を過ちと謂《い》う」（「論語」）

得意《とくい》の時候《じこう》は、最《もっと》も当《まさ》に退歩《たいほ》の工夫《くふう》を著《つ》くべし。
一時《じ》一事《じ》も亦《また》皆《みな》亢龍《こうりゅう》有《あ》り。

〔訳文〕
物事がうまくいっている時は、一歩退いてうまくいかない時の対応・処置を考えておくべきである。一時的のことであれ、一つの事であれ、高く昇りつめた竜のように栄達を極めると、必ず下り坂・衰退の虞《おそ》れがあることを知っておくべきである。

〔参照〕
○「驕《おご》れる人も久しからず、只《ただ》春の夜の夢の如し」
（「平家物語」）
○「名を成すは毎《つね》に窮苦《きゅうく》の日に在《あ》り、事を敗《やぶ》るは多くは、志を得るの時に因《よ》る」
（「酔古堂剣掃」）

凡《およ》そ遭《あ》う所《ところ》の患《かん》難《なん》変《へん》故《こ》、屈《くつ》辱《じょく》讒《ざん》謗《ぼう》払《ふっ》逆《ぎゃく》の事《こと》は、皆《みな》天《てん》の吾《わが》才《さい》を老《ろう》せしむる所以《ゆえん》にして砥《し》礪《れい》切《せっ》磋《さ》の地《ち》に非《あら》ざるは莫《な》し。君《くん》子《し》は当《まさ》に之《これ》に処《しょ》する所《ゆ》以《えん》を慮《おもんぱか》るべし。徒《いたず》らに之《これ》を免《まぬか》れんと欲《ほっ》するは不《ふ》可《か》なり。

〔訳文〕

我々が遭遇する苦労や変事、恥ずかしい思いやひどい悪口、思い通りにならないことは、すべて天がその人を熟成させるための手段であって、一つとして人間を磨きあげるためでないものはない。従って道に志す人は、こうした出来事に出遭ったならば、どう対応するかを考えるべきで、むやみにこれから逃れようとしてはいけない。

〔参照〕

○「天の将《まさ》に大任を是《こ》の人に降《くだ》さんとするや、必ず、その心志を苦しめ、その筋骨を労し、その体膚を餓えしめ、その身を空乏にし、行いにはそのなす所を払乱す」

（「孟子」）

（言五九）

（言六二）

凡《およ》そ人《ひと》と語《かた》るには、須《すべか》らく渠《かれ》をして其《そ》の長《ちょう》ずる所《ところ》を説《と》かしむべし。我《われ》に於《おい》て益有《えきあ》り。

〔訳文〕

人と語るときには、その人の得意とする所を話させるのがよい。そうすれば、それは自分のためになる。

〔参照〕

○「話上手より聞き上手」（俚諺）

○「君と一夕の話、十年の書を読むに勝る」（「酔古堂剣掃」）

爵禄《しやくろく》を辞《じ》するは易《やす》く、小利《しようり》に動《うご》かされざるは難《かた》し。

〔訳文〕

官位や俸禄などの大きな恩恵を辞退するのは、自分の正義感を満足させるために、実行しやすいものであるが、小さな利欲は自分でも大したことではないとして、動かされないでいるのは難しいものである。

〔参照〕

○ 後漢の頃、荊州の人で県の長官であった王密という人が、自分を推挙してくれた長老の楊震《ようしん》という人に賄賂《わいろ》の金子《きんす》を持参し「莫《ぼ》（暮）夜《や》知る無し」夜分であなたと私だけのことで誰も知る者はありませんからどうぞ受け取って下さいと差し出した。すると楊震は「天知る、神知る、我知る、子（汝）知る、何ぞ知る無しと謂《い》わんや」と言って返した。

（「後漢書」）

（言六六）

情《じょう》に循《したが》って情《じょう》を制《せい》し、欲《よく》を達《たっ》して欲《よく》を遏《とど》む。是《こ》れ礼《れい》の妙用《みょうよう》なり。

〔訳文〕

感情のままに行動すると、道義の枠を越え易いものであるから、情に従ってもほどよいところで抑制することが大切であり、欲をある程度達成したら、限度を見はからって抑えるのが、社会生活に欠くことの出来ない礼儀の上手な用い方ということである。

凡《およ》そ人《ひと》を諫《いさ》めんと欲《ほっ》するには、唯《た》だ一団《だん》の誠意《せいい》、言《げん》に溢《あふ》るる有《あ》るのみ。苟《いや》しくも一忿疾《ふんしつ》の心《こころ》を挾《はさ》まば、諫《いさめ》は決《けっ》して入《は》いらじ。

〔訳文〕

人を諫めようとする時は、心からの誠意を示して、それが言葉に溢れ出るようでなければならない。怒りや、憎しみの気持ちがほんの少しでも入ったならば、その誡めは決して相手の心に入っていくものではない。

〔参照〕

○「至誠は神を感ぜしむ」（「書経」）

○「至誠にして動かざる者は、未《いま》だ之れあらざるなり」（「孟子」）

（言八四）

下情《かじょう》は下事《かじ》と同《おな》じからず。人《ひと》に君《きみ》たる者《もの》、下情《かじょう》には通《つう》ぜざる可《べ》からず。下事《かじ》には則《すなわ》ち必《かなら》ずしも通《つう》ぜず。

〔訳文〕

下情は下事と同じではない。人の上に立つ者は、下情に通じていなければならないが、下の者の仕事の細かい手順などには通じている必要はない。

当今《とうこん》の毀誉《きよ》は懼《おそ》るるに足《た》らず。後世《こうせい》の毀誉《きよ》は懼《おそ》る可《べ》し。一身《しん》の得喪《とくそう》は慮《おもんぱか》るに足《た》らず。子孫《しそん》の得《とく》喪《そう》は慮《おもんばか》る可《べ》し。

〔訳文〕

生きている間に褒められたり貶《けな》されたりすることを恐れたり気にしたりすることは、自分の実践で証明できるので心配ないが、死んだあとに出てくる毀誉は、訂正の手段がないだけに注意しなければならない。同様に、我が身の利害得失は自分で処理出来るから心配する必要はないが、子孫に及ぼす利害得失についてはよくよく考えておく必要がある。

〔参照〕

○「本当に偉い人とは、生きている間は後《うし》ろから拝まれる人、死んでから慕われる人である」（西郷南洲）

○「道徳に棲守《せいしゅ》する者は、一時に寂寞《せきばく》たり。権勢に依阿《いあ》する者は、万古に棲涼《せいりょう》たり。達人は物外の物を観《み》、身後の身を思う。むしろ、一時の寂寞《せきばく》を受くるも万古の棲涼《せいりょう》を取ることなかれ」（「菜根譚」）

（言八九）

（言九二）

已《や》むを得《え》ざるに薄《せま》りて、而《しか》る後《のち》に諸《これ》を外《そと》に発《はっ》する者《もの》は花《はな》なり。

〔訳文〕
やむにやまれぬぎりぎりの状態まで、内々の気が満ちて、初めて蕾を破って外に咲き現れてくるのが花である。

〔参照〕
○「かくすれば　かくなるものと　知りながら
やむにやまれぬ　大和魂」（吉田松陰）

性《せい》は同《おな》じゅうして質《しつ》は異《こと》なり。質《しつ》の異《こと》なるは教《おしえ》の由《よ》って設《もう》くる所《ところ》なり。性《せい》の同《おな》じきは、教《おしえ》の由《よ》って立《た》つ所《ところ》なり。

〔訳文〕

（儒学の立場では）人の本性は同一であり、気質が異なる。この気質が異なるところが教育の必要な理由であり、本性が同じであるところが教育が成り立つ理由である。

〔参照〕

○「性相近《あい》し、習《ならい》相遠し」（「論語」）

（言九九）

（言一一九）

士《し》は当《まさ》に己《おの》れに在《あ》る者《もの》を恃《たの》むべし。動《どう》天《てん》驚《きょう》地《ち》極《きょく》大《だい》の事《じ》業《ぎょう》も、亦《また》都《す》べて一己《こ》より締《てい》造《ぞう》す。

〔訳文〕

立派な男子たる者は、他人に頼るのではなく、自分自身が持っている信念・内容を頼りにすべきである。天地を揺るがすような大事業も、すべて自分一個の力で造り出されるものだからである。

〔参照〕

○「随所に主となれば、立つ所、皆真」（「臨済録」）

○ おのれこそ　おのれのよるべ
他の誰に　たよられようぞ
よくととのえし　おのれこそ
まこと得難き　よるべなれ
（「法句経」）

己《おのれ》を喪《うしな》えば斯《ここ》に人《ひと》を喪《うしな》う。人《ひと》を喪《うしな》えば斯《ここ》に物《もの》を喪《うしな》う。

〔訳文〕

自分の自信がなくなると、周りの人々の信用を失うことになる。人の信用を失うということは、何もかもなくなってしまうということである。

〔参照〕

○「それ学は通《つう》の為にあらざるなり。窮《きゅう》して困《くる》しまず。憂いて意《こころ》衰《おとろ》えず。禍福終始を知って惑《まど》わざるが為なり」（「荀子《じゅんし》」）

（言一二〇）

士《し》は独《どく》立《りつ》自《じ》身《しん》を貴《たっと》ぶ。熱《ねつ》に依《よ》り炎《ほのお》に附《つ》くの念《ねん》起《お》こすべからず。

〔訳文〕

丈夫《じょうぶ》たるものは、他人に頼らず、自分の信念力量と責任において行動すべきで、力ある者に阿《おもね》ったり、富貴の者に付き従ったりするような考えを起こしてはならない。

〔参照〕

○「天上天下唯我独尊」（「伝灯録」）

本然《ほんぜん》の真己《しんこ》有《あ》り。軀殼《くかく》の仮己《かこ》有《あ》り。須《すべか》らく自《みずか》ら認《みと》め得《え》んことを要《よう》すべし。

〔訳文〕

大自然の真理に基いて、善悪を判断できる真の自己があり、身体を備えた外見上の仮の自己がある。この二つの自己があることを認めた上で、真の自己を自覚確認することが大切である。

（言一二二）

人《ひと》は少壮《しょうそう》の時《とき》に方《あた》りては、惜陰《せきいん》を知《し》らず。知《し》ると雖《いえど》も太《はなは》だ惜《お》しむには至《いた》らず。四十を過《す》ぎて後《ご》、始《はじ》めて惜陰《せきいん》を知《し》る。既《すで》に知《し》るの時《とき》は、精力《せいりょく》漸《ようや》く耗《もう》せり。故《ゆえ》に人《ひと》の学《がく》を為《おさ》むるには、須《すべか》らく時《とき》に及《およ》びて立志《りっし》勉励《べんれい》するを要《よう》すべし。しからざれば則《すなわ》ち百《ひゃく》たび悔《く》ゆとも亦《また》竟《つい》に益《えき》無《な》からむ。

（言一二三）

〔訳文〕

人は若くて元気な時は、思うように行動することが出来、時間を大切にすることを知らない。たとえ知っていても、本当に惜しむことを判っていない。四十歳を過ぎる頃から、はじめて、時間を惜しむことが判ってくるが、その頃になると、精力がだんだん衰えてくる。だから学問に志す時には、若い時に志を立てて大いに勉め励まなければならない。そうでないと、後になって、どんなに悔《くや》んでも追いつかず、無益である。

〔参照〕

○　雑　詩　　　陶淵明

人生は根帯《こんてい》なく
瓢《ひょう》たること陌上《はくじょう》の塵の如し
分散、風を逐って転じ
此れ已《すで》に常の身に非ず
地に落ちて兄弟《けいてい》と為る
何ぞ必ずしも骨肉の親《しん》のみならん
歓《よろこび》を得ては当《まさ》に楽しみを作《な》すべし
斗酒《としゅ》比鄰《ひりん》を聚《あつ》む
盛年重ねて来たらず
一日再び晨《あした》なりがたし
時に及んで当《まさ》に勉励すべし
歳月は人を待たず

雲烟《うんえん》は已《や》むを得《え》ざるに聚《あつま》り、風雨《ふうう》は已《や》むを得《え》ざるに洩《も》れ、雷霆《らいてい》は已《や》むを得《え》ざるに震《ふる》う。斯《ここ》に以《もっ》て至誠《しせい》の作用《さよう》を観《み》る可《べ》し。

（言一二四）

〔訳文〕

雲や霞は、やむにやまれぬ気象の働きによって集まるものであり、風や雨も同じようにやむを得ずして吹いたり降ったりするし、雷鳴もやむを得ずして轟くものである。これらを見て、人間のやむにやまれぬ至誠の働きを観ることが出来る。

〔参照〕

○「かくすれば　かくなるものと　知りながら
やむにやまれぬ　大和魂」

（吉田松陰）

○（自然現象がやむを得ない状況で発生するが、人間の行動も、それがやむにやまれぬ至誠より迸《ほとばし》り出る時に、人を感動せしめ、世を動かすことが出来る）

霊《じゅ》は雨《う》天《てん》なり。待《ま》てば則《すなわ》ち霽《は》る。待《ま》たざれば則《すなわ》ち沾《てん》濡《じゅ》す。

〔訳文〕

霊という字は、ぬれるということで雨天を意味する。雨天の時は待てば晴れるのに、待たないとびしょ濡れになるものである。これと同じように、何事でも事が起きた時に、気短かに急いでは失敗し、落着いて好機の至るのを待っておれば、好機が到来するものである。

〔参照〕

○「急がずば　濡れざらましを　旅人の
あとより晴るる　野路の村雨」　（太田道灌）

（言一二九）

(言一三〇)

急《きゅう》迫《はく》は事《こと》を敗《やぶ》り、寧《ねい》耐《たい》は事《こと》を成《な》す。

〔訳文〕

何事も切羽詰《せっぱつま》って慌てて行おうとすると失敗し、我慢してじっくり取組んでいけば、うまくいくものである。

〔参照〕

○「急《せ》いては事を仕損ずる」（俚諺）

○「急がば廻《まわ》れ」（俚諺）

信《しん》を人《ひと》に取《と》ること難《かた》し。人《ひと》は口《くち》を信《しん》ぜずして躬《み》を信《しん》じ、躬《み》を信《しん》ぜずして心《こころ》を信《しん》ず。是《ここ》を以《もっ》て難《かた》し。

〔訳文〕

人から信用されるということは難かしいものである。いくらうまいことを言っても、人はその言葉を信用しないで、その人の行いを見て信用する。いや、本当はその行いだけでは信用しないで、その人の心（考え方）を信用するものだ。心を人に示すことは難しいものであるから、信を得ることは、大変難しい。

〔参照〕

○　六　験

之を喜ばしめて以て其の守を験す
之を楽しましめて以て其の僻を験す
之を怒らしめて以て其の節を験す
之を懼れしめて以て其の特を験す
之を哀しましめて以て其の人を験す
之を苦しましめて以て其の志を験す

（「呂覧」）

（言一四八）

人《ひと》は明《めい》快《かい》灑《しゃ》落《らく》の処《ところ》無《な》かる可《べ》からず。若《も》し徒《と》爾《じ》として畏《い》縮《しゅく》趑《し》趄《そ》するのみならば、只《た》だ是《こ》れ死《し》敬《けい》なり。甚《なに》事《ごと》をか済《な》し得《え》む。

〔訳文〕

人にはさっぱりとしてこだわりのないところがなくてはならない。もしいたずらに縮こまり、ためらうばかりであるならば、それは生きた敬ではなく、死んだ敬である。これでは何事も成就することは出来ない。

〔参照〕

○「高品の人、胸中洒落、光風霽月《こうふうせいげつ》の如し」

（「酔古堂剣掃」）

民《たみ》は水《すい》火《か》に非《あら》ざれば生《せい》活《かつ》せず。而《しか》れども水《すい》火《か》又《また》能《よ》く物《もの》を焚《ふん》溺《でき》す。飲《いん》食《しょく》男《だん》女《じょ》は、人《ひと》の生《せい》息《そく》する所《ゆ》以《えん》なり。而《しか》れども飲《いん》食《しょく》男《だん》女《じょ》又《また》能《よ》く人《ひと》を戕《しょう》害《がい》す。

（言一六五）

〔参照〕

○「人飲食せざるなきなり。能《よ》く味わいを知るは鮮《すく》なきなり」（「中庸」）

〔訳文〕

「人は水と火がなければ暮らせない」と孟子は言ったが、一方で、水は人を溺れさせ、火は物を焼きつくす性格を持っている。食事や男女の関係も、人が生き、繁栄していくためには必要なものである。しかし、これも処置が誤れば人を害する危険性があることに気をつけておく必要がある。

（言一七三）

吾《わ》れ古《こ》今《こん》の人《じん》主《しゅ》を観《み》るに、志《こころざし》の文《ぶん》治《じ》に存《そん》する者《もの》は必《かなら》ず業《ぎょう》を創《はじ》め、武《ぶ》備《び》を忘《わす》れざる者《もの》は能《よ》く成《な》るを守《まも》る。

〔訳文〕

自分が古今の事業の中心人物を見ると、志が文をもって治めようとする者は必ず創業の人であり、武備を忘れない人は、よく後を守ってゆく人である。文治武備、ともにすべての事業に欠くことが出来ないものである。

処《しよ》し難《がた》きの事《こと》に遇《あ》わば、妄《もう》動《どう》することを得《え》ざれ。須《すべか》らく幾《き》の至《いた》るを候《うかが》いて之《これ》に応《おう》ずべし。

〔訳文〕

処理の難かしい問題に出会ったならば、妄《みだ》りに動いてはいけない。じーっと待って、好機の到来するのに応じて、対策をとるべきである。

〔参照〕

○「幾《き》を知るはそれ神か。君子は幾を見て作《た》ち、日を終うるを俟《ま》たず」（「易経」）

（言一八二）

（言一八四）

人《ひと》を教《おし》うる者《もの》、要《よう》は須《すべか》らく其《そ》の志《こころざし》を責《せ》むべし。聒《かつ》聒《かつ》として口《くち》に騰《のぼ》すとも、益《えき》無《な》きなり。

〔訳文〕
人を教える者の最も肝腎なことは、志が堅固であるかどうかを見るべきであり、その他のことをただ口やかましく言っても、何ら益をもたらすものではない。

〔参照〕
○「志を立てて万事の源と為す」
（「士規七則」吉田松陰）

人《ひと》は最《もっと》も当《まさ》に口《くち》を慎《つつ》しむべし。口《くち》の職《しょく》は二用《よう》を兼《か》ぬ。言語《げんご》を出《いだ》し、飲食《いんしょく》を納《い》るる是《これ》なり。言語《げんご》を慎《つつ》しまざれば、以《もっ》て禍《か》を速《まね》くに足《た》り、飲食《いんしょく》を慎《つつ》しまざれば、以《もっ》て病《やまい》を致《いた》すに足《た》る。諺《ことわざ》に云《い》う、禍《わざわい》は口《くち》より出《い》で、病《やまい》は口《くち》より入《い》ると。

（言一八九）

（言一八九）

〔訳文〕

人は特に口を慎まなければいけない。口は二つの機能を兼ねていて、一つは言葉を発することであり、もう一つは飲食物を採り込むことである。言葉を慎まないと禍を招くことがあるし、飲食を慎まないと病気になることがある。昔からの諺に、「禍は口より出て、病は口より入る」というのがあるが、真言である。

〔参照〕

○「（劉安世）心を尽し己れを行うの要、以て終身これを行うべきものを問う。温公曰く「それ誠か」と。（中略）「これを行うこといずれか先にせん」と。温公曰く「妄語《もうご》せざるより始む」と」

（「宋名臣言行録」劉安世）

理《ことわり》到《いた》るの言《げん》は、人《ひと》服《ふく》せざるを得《え》ず。然《しか》れども其《そ》の言《げん》激《げき》する所《ところ》有《あ》れば則《すなわ》ち服《ふく》せず。強《し》うる所《ところ》あれば則《すなわ》ち服《ふく》せず。挾《さしはさ》む所《ところ》有《あ》れば則《すなわ》ち服《ふく》せず。便《べん》ずる所《ところ》有《あ》れば則《すなわ》ち服《ふく》せず。凡《およ》そ理《ことわり》到《いた》って人《ひと》服《ふく》せざれば、君子《くんし》必《かなら》ず自《みずか》ら反《かえ》りみる。我《わ》れ先《ま》ず服《ふく》して、而《しか》る後《のち》に人《ひと》之《これ》に服《ふく》す。

〔訳文〕

道理に叶《かな》った言葉は、誰でも服従しないわけにはいかない。しかし、その言葉に激《はげ》しいところがあると、聴く人は服従しない。無理に押しつけることがあると、服従しない。身勝手な私心を挟むところがあると、服従しない。言う人の利便をはかろうとするところがあると、服従しない。

凡そ、道理が行き届いていると思っているにも拘わらず、人が服従しない時には、君子は自ら反省し、先ず自分自身が納得服従すれば、その後に人は服従するものである。

（言一九三）

人《ひと》の受《う》くる所《ところ》の気《き》は、其《そ》の厚薄《こうはく》の分数《ぶんすう》、大抵《たいてい》相《あい》若《に》たり。軀《く》の大小《だいしょう》、寿《じゅ》の脩短《しゅうたん》、力《ちから》の強弱《きょうじゃく》、心《こころ》の智愚《ちぐ》の如《ごと》き、大《おおい》に相遠《あいとお》ざかる者《もの》無《な》し、其《そ》の間《かん》に一処《しょ》の厚《あつ》きを受《う》くる者有《ものあ》れば、皆之《みなこれ》を非常《ひじょう》と謂《い》う。非常《ひじょう》なるは則《すなわ》ち姑《しばら》く之《これ》を置《お》く。就《すなわ》ち常人《じょうじん》の如《ごと》きは、軀《く》と寿《じゅ》と力《ちから》との分数《ぶんすう》、之《これ》を奈何《いかん》ともすべからず。独《ひと》り心《こころ》の智愚《ちぐ》に至《いた》りては以《もっ》て学《まな》んで

（言一九九）

之《これ》を変化《へんか》す可《べ》し。故《ゆえ》に博学《はくがく》、審問《しんもん》、慎思《しんし》、明弁《めいべん》、篤行《とっこう》、人《ひと》之《これ》を一たび十たびすれば、己《おの》れ之《これ》を百たび千たびす。果《はた》して此《こ》の道《みち》を能《よ》くすれば、愚《ぐ》なりと雖《いえど》も必《かなら》ず明《あきらか》に、柔《じゅう》なりと雖《いえど》も必《かなら》ず強《つよ》く、以《もっ》て漸《ようや》く非常《ひじょう》の域《いき》に進《すす》む可《べ》し。蓋《けだ》し此《こ》の理《ことわり》有《あ》り、但《ただ》常人《じょうじん》は多《おお》く遊惰《ゆうだ》にして然《しか》する能《あた》わず。豈《あ》に亦《また》天《てん》に算籌《さんちゅう》有《あ》るか。

（言一九九）

〔訳文〕

人が天から受けるところの気（条件）はその厚いと薄いとに分け与えられてる分量は大体同じようなものである。身体の大小、寿命の長短、力の強弱、心の賢愚といったものは、誰でも大きな差があるわけではない。その間に、特に一点に厚いところを授けられた者があれば、人々はみな、これを非凡という。この非凡な者はしばらく問題の外に置いておこう。すなわち普通一般の人にあっては、身体の大きさや寿命の長さや力の強さの分け前はどうすることも出来ない。ただ心の賢さや愚かさについては、学問によって変えることができる。

だから「中庸」に、「博く学び、審《つまび》らかに問い、慎んで考え、明らかに弁別し、誠実に実行する。人がこれを一回するなら自分は百回行い、人がこれを十回するなら自分は千回行う。このようにこの方法を励行すれば、必ず結果は良くなり、少しずつでも非凡の域に近づく事が出来る」誠にこれは道理に適っていると言える。

ただ普通の人はたいてい遊び怠けてしまい、努力を続けることが出来ないのである。これには何か天の算段があるものであろうか。

看《み》来《きた》れば宇《う》宙内《ちゅうない》の事《こと》、曷《なん》ぞ嘗《かつ》て悪《あく》有《あ》らん。過《か》不《ふ》及《きゅう》有《あ》る処《ところ》即《すなわ》ち是《こ》れ悪《あく》なり。看《み》来《きた》れば宇《う》宙内《ちゅうない》の事《こと》、曷《いずくん》ぞ嘗《かつ》て善《ぜん》有《あ》らん。過《か》不《ふ》及《きゅう》無《な》き処《ところ》即《すなわ》ち是《こ》れ善《ぜん》なり。

（言二〇五）

〔訳文〕

考えて見ると、世の中の事でどうして「悪」というものがあるのであろうか。それは、過ぎたり及ばなかったり、「中庸」を得なかったことが「悪」というものではなかろうか。同様に「善」についても、過不及なく「中庸」を得ているのが「善」と言えると思う。

〔参照〕

○「中庸の徳為《た》るや、其れ至れるかな」（「論語」）

○「君子は中庸をす。小人は中庸に反す」（「中庸」）

○「高明を極めて中庸に道《よ》る」（「中庸」）

心《しん》上《じょう》に刃《やいば》有《あ》るは忍《にん》なり。忍《にん》の字《じ》は好字面《こうじめん》に非《あら》ず。但《た》だ借《か》りて喫緊寧耐《きつきんねいたい》と做《な》すは可《か》なり。要《よう》するに亦《また》道《みち》の至《いた》れる者《もの》に非《あら》ず。

〔訳文〕

心という字の上に刃という字が重なってできたのが「忍」という字である。この字は「残忍」というふうに使われて、良い字とは言えないが、かんじんの時にやすらかに耐えるという「喫緊寧耐」という意味で使われると、悪い字とは言えない。しかし何れにしても、道の極地を言った言葉ではない。

（言二〇八）

（言二一九）

一物《ぶつ》を多《おお》くすれば斯《ここ》に一事《じ》を多《おお》くし、一事《じ》を多《おお》くすれば斯《ここ》に一累《るい》を多《おお》くす。

〔訳文〕
物が一つふえれば、やる事が一つふえる。やる事が一つふえると、わずらわしさも一つふえる。

〔参照〕
○「一利を興すは一害を除《のぞ》くにしかず。一事を生《ふ》やすは一事を省《はぶ》くにしかず」
（ジンギスカンに仕えた蒙大国の名宰相・耶律楚材《やりつそざい》）

漸《ぜん》は必《かなら》ず事《こと》を成《な》し、恵《けい》は必《かなら》ず人《ひと》を懐《いだ》く。歴代《れきだい》の姦雄《かんゆう》の如《ごと》きも、其《そ》の秘《ひ》を窃《ぬす》む者《もの》有《あ》れば、一時《じ》だも亦《また》能《よ》く志《こころざし》を遂《と》げき。畏《おそ》る可《べ》きの至《いたり》なり。

（言二二三）

〔訳文〕

急がずにゆっくりと事を運べば必ず成功するし、精神的であれ、物質的であれ、人に恩恵を施すと、必ずその人を抱き込むことができる。歴代の悪者でも、この秘訣を盗み使って、一時的にではあるが野心を成し遂げた者もいる。これは恐ろしいことで、よく注意しなければならない。

〔参照〕

○「急《せ》いては事を仕損じる」（俚諺）

（言二二四）

匿情《とくじょう》は慎密《しんみつ》に似《に》たり。柔媚《じゅうび》は恭順《きょうじゅん》に似《に》たり。剛愎《ごうふく》は自信《じしん》に似《に》たり。故《ゆえ》に君子《くんし》は似《に》て非《ひ》なる者《もの》を悪《にく》む。

〔訳文〕

感情を表に出さない匿情は、慎み深い慎密の様子に似ている。物腰柔らかく媚びる柔媚は、うやうやしく従う恭順の様子に似ている。剛情で意地っ張りの剛愎は、自分の力を信じて疑わない自信ある人の様子に似てる。

それで「孟子」に、「孔子曰く、似て非なる者を悪む」とあるのは、このことを言っているのである。

〔参照〕

○「郷原《きょうげん》は徳の賊なり」（「孟子」）

○「似て非なる者を悪《にく》む」（「孟子」）

惻隠《そくいん》の心《こころ》も偏《へん》すれば、民《たみ》或《あるい》は愛《あい》に溺《おぼ》れて身《み》を殞《おと》す者《もの》有《あ》り。羞悪《しゅうお》の心も偏《へん》すれば、民《たみ》或《あるい》は自《みずか》ら溝《こう》瀆《どく》に経《くび》るる者有り。辞譲《じじょう》の心《こころ》も偏《へん》すれば、民《たみ》或《あるい》ば奔亡《ほんぼう》して風狂《ふうきょう》する者《もの》有《あ》り。是非《ぜひ》の心《こころ》も偏《へん》すれば、民或《たみあるい》は兄弟《けいてい》牆《かき》に鬩《せめ》ぎ、父子《ふし》相《あい》訟《うった》うる者《もの》有《あ》り。凡《およ》そ情《じょう》の偏《へん》するは、四端《たん》と雖《いえど》も、遂《つい》に不善《ふぜん》に陥《おちい》る。故《ゆえ》に学《まな》んで以《もっ》て中和《ちゅうわ》を致《いた》し、過《か》不《ふ》及《きゅう》無《な》きに帰《き》す。これを復性《ふくせい》の学《がく》と謂《い》う。

（言二二五）

〔訳文〕
憐《あわ》れみ痛む惻隠の心も、偏《かたよ》りすぎると、民衆の中には愛情に溺れて身を滅ぼす者も出てくる。不義を恥じて憎む羞悪の心も、偏りすぎると、民衆の中には自ら溝の中で首をくくって死んでしまう者も出てくる。自ら辞して他に譲る辞譲の心も、偏りすぎると、民衆の中には逃げ隠れて頭が変になってしまう者も出てくる。善悪を判断する是非の心も、偏りすぎると、民衆の中には、兄弟げんかをしたり、親子で互いに訴訟を起こすような者も出てくる。このように感情が一方に偏ると、孟子のいう四徳（惻隠・羞悪・辞譲・是非）のきざしまでが、遂にはよくないことになってしまう。それゆえに、学問をして性情を中正にし、行きすぎや不足のないようにするのである。これを本性に帰する復性の学というのである。

（言二二五）

吾人《ごじん》は須《すべか》らく自《みずか》ら重《おも》んずることを知《し》るべし。我《わ》が性《せい》は天爵《てんしゃく》なり。最《もっと》も当《まさ》に自重《じちょう》すべし。我《わ》が身《み》は父母《ふぼ》の遺体《いたい》なり。重《おも》んぜざる可《べ》からず。威《い》儀《ぎ》は人《ひと》の観望《かんぼう》する所《ところ》、言語《げんご》は人《ひと》の信《しん》を取《と》る所《ところ》なり。亦《また》自重《じちょう》せざるを得《え》んや。

〔訳文〕

我々はぜひとも自分の心身を大切にすることを知るべきである。わが本性は天から授けられたものであるから、最も大切にしなければならない。わが身は父母の遺《のこ》されたものであるから、重んじなければならない。自分の立居振舞《たちいふるまい》は、人の見るところであり、口に出す言葉は人が信頼を置くところのものであるから、共に自ら気をつけて大切にしないわけにはいかない。

（後六）

誘掖《ゆうえき》して之《これ》を導《みちび》くは、教《おしえ》の常《つね》なり。警戒《けいかい》して之《これ》を喩《さと》すは、教《おしえ》の時《とき》なり。躬行《きゅうこう》して以《もっ》て之《これ》を牽《ひき》いるは、教《おしえ》の本《もと》なり。言《い》わずして之《これ》を化《か》するは、教《おしえ》の神《しん》なり。抑《おさ》えて之《これ》を揚《あ》げ、激《げき》して之《これ》を進《す》むるは、教《おしえ》の権《けん》にして変《へん》なるなり。教《おしえ》も亦《また》術《じゅつ》多《おお》し。

教えもまた術多し

（後一二）

〔訳文〕
子弟の傍《かたわら》でこれを導き助けるのは、教育の常道である。子弟が横道に逸《そ》れるのを、戒めて諭すのは、時宜を得た教育というものである。まず自ら率先実行して子弟を率いるのは、教育の基本である。言葉に表さないで子弟を感化するのは、最上の教育である。一度抑えつけて褒め、激励して道に進めるのは、その場に応じた臨機応変の教育というものである。このように、教育にも多様のやり方がある。相手の状態に応じた教育を施すべきである。

〔参照〕
○「やって見せ、言って聞かせて、させて見て、ほめてやらねば、人は動かじ」（山本五十六元帥）

官《かん》に居《お》るに好《こう》字《じ》面《めん》四有《あ》り。公《こう》の字《じ》、正《せい》の字《じ》、清《せい》の字《じ》、敬《けい》の字《じ》なり。能《よ》く此《こ》れを守《まも》らば、以《もっ》て過《か》無《な》かるべし。不《ふ》好《こう》の字《じ》面《めん》も亦《また》四有《あ》り。私《し》の字《じ》、邪《じゃ》の字《じ》、濁《だく》の字《じ》、傲《ごう》の字《じ》なり。苟《いやし》くも之《こ》れを犯《おか》さば、皆《みな》禍《か》を取《と》るの道《みち》なり。

（後一四）

〔訳文〕

官職につく者にとって好ましい文字が四つある。それは公、正、清、敬の四つの文字である。よくこれらの文字の意味するところを守れば、決して過失を犯すことはないだろう。

また好ましくない文字が四つある。それは私、邪、濁、傲の字の四つの文字である。かりそめにも、これら四つを犯したならば、みな自分に禍《わざわい》を招くことになるのである。

閑《かん》想《そう》容《かく》感《かん》は、志《こころざし》の立《た》たざるに由《よ》る。一志《し》既《すで》に立《た》ちなば、百《ひゃく》邪《じゃ》退《たい》聴《ちょう》せん。之《これ》を清《せい》泉《せん》湧《ゆう》出《しゅつ》すれば、旁《ぼう》水《すい》の渾《こん》入《にゅう》するを得《え》ざるに譬《たと》う。

〔訳文〕

無駄な想念を抱いたり、外物に心が囚《とら》われて振り廻されてしまうのは、しっかりとした志が立っていないからである。志がしっかり確立していれば、多くの邪念は退散し服従するものである。

これを譬《たと》えるならば、清らかな泉が湧き出ているところに、その傍《かたわら》を流れる水が入り混じることが出来ないようなものである。

（後二四）

真《しん》の功名《こうみよう》は、道徳《どうとく》便《すなわ》ち是《こ》れなり。真《しん》の利害《りがい》は、義理《ぎり》便《すなわ》ち是《こ》れなり。

〔訳文〕

真の功績とか名誉というものは、道徳を実践した結果、自然に得られるものである。本当の利害というものは、義理に拠ったか背いたかによって生まれくるものである。

人《ひと》の一生《いっしょう》遭《あ》う所《ところ》には、険阻《けんそ》あり、坦夷《たんい》有《あ》り、安流《あんりゅう》あり、驚瀾《きょうらん》有り。是《こ》れ気数《きすう》の自然《しぜん》にして、竟《つい》に免《まぬが》るる能《あた》わず。即《すなわ》ち易理《えきり》なり。人《ひと》は宜《よろ》しく居《お》って安《やす》んじ、玩《もてあそ》んで楽《たの》しむべし。若《も》し之《これ》を趨避《すうひ》せんとするは、達者《たっしゃ》の見《けん》に非《あら》ず。

〔参照〕

○「人の一生は重荷を負うて遠き道を
　行くが如し、急ぐべからず」
（徳川家康遺訓）

○「越えなばと　思いし峰に　来て見れば
　行く手はなおも　山路なりけり」

〔訳文〕

人間が一生の間に出遭うところには、険《けわ》しい所もあり、平坦な所もあり、ゆっくり流れる所もあり、怒濤逆巻《どとうさかま》く所もある。これは自然の成り行きといったものであって、どうしても逃れることはできないものである。すなわち、易《えき》で説くところの万物の道理である。

したがって、人は自分のおかれた境遇に安んじ、それを楽しめばよい。それを嫌って逃げたり避けたりしようとするのであれば、それは決して道理に通じた人の考えとは言えない。

春風《しゅんぷう》を以《もっ》て人《ひと》に接《せっ》し、秋霜《しゅうそう》を以《もっ》て自《みずか》ら粛《つつし》む。

〔参照〕
○「人には親切、自分には辛切、法には深切であれ」
（山本玄峯禅師）

〔訳文〕
春の風のような穏やかな態度で人に接し、秋の霜のような厳しい態度で自らを律してゆく。

（後三四）

克《こっ》己《き》の工《く》夫《ふう》は一呼《こ》吸《きゅう》の間《あいだ》に在《あ》り。

〔訳文〕

自分の邪心に打ち勝つ工夫は、問題がおきたその時どう決断するかということであり、それを積み重ねて習性にしなければいけない。

一の字《じ》、積《せき》の字《じ》、甚《はなは》だ畏《おそ》る可《べ》し。善《ぜん》悪《あく》の幾《き》も初《しょ》一念《ねん》に在《あ》りて、善《ぜん》悪《あく》の熟《じゅく》するも積累《せきるい》の後《のち》に在《あ》り。

〔訳文〕

「一」という字、「積」という字は、とりわけ畏れなくてはいけない。善や悪のきざしというものは、最初の一念から興るものであり、善や悪が固まり結果が出てくるのは、その初一念が積み重なったものであるからである。

〔参照〕

○「善は一念に始まり　念々相属し
繍《しゅう》は一縷《る》に始まり　縷々《るる》相属し
功徳円満　相好具足《そうこうぐそく》す」
（白楽天）

○「積善の家には必ず余慶《よけい》あり
積不善の家には必ず余殃《よおう》あり」
（「易経」、「説苑」）

「一」の字と「積」の字　（後三八）

凡《およ》そ大《だい》硬《こう》事《じ》に遇《あ》わば、急《きゅう》心《しん》もて剖《ぼう》決《けつ》するを消《もち》いざれ。須《すべか》らく姑《しばら》く之《これ》を含《お》くべし。一夜《や》を宿《しゅく》し、枕《ちん》上《じょう》に於《おい》て粗《ほぼ》商《しょう》量《りょう》すること一半《ばん》にして、思《おもい》を齎《もた》らして寝《い》ね、翌《よく》旦《たん》の清《せい》明《めい》なる時《じき》に及《およ》んで、続《つづ》きて之《これ》を思《し》惟《い》すれば、則《すなわ》ち必《かなら》ず恍《こう》然《ぜん》として一条《じょう》路《ろ》を見《み》、就即《すなわ》ち義《ぎ》理《り》自《し》然《ぜん》に湊《そう》泊《はく》せん。然《しか》る後《のち》に徐《おもむろ》に之《これ》を区《く》処《しょ》せば、大《たい》概《がい》錯《さく》悞《ご》を致《いた》さず。

（後四五）

〔訳文〕

すべて大難事に遭遇した時は、焦って決断してはならない。しばらくはそのままにしてよく考えるのが宜しい。一晩そのまま留め置いて、寝床についてから半分位を考え、そのままに思索しながら寝て、翌朝心が清くすっきりしたときに引続いてこれを思案すれば、必ずおぼろげながらも一筋の道が見えてくるものである。そうすると、物事の筋道が自然に形づくられてきて、その後にゆっくり一つ一つ問題を処理すれば、たいてい間違うことはない。

（後四六）

実学《じつがく》の人《ひと》、志《こころざし》は則《すなわ》ち美《び》なり。然《しか》れども往々《おうおう》にして読書《どくしょ》を禁《きん》ず。是《こ》れ亦《また》噎《えつ》に因《よ》りて食《じき》を廃《はい》するなり。

〔訳文〕
実行を貴ぶことを学問の目的とする人は、躬行《きゅうこう》を尚び、その志は甚だ立派で間違っていない。しかし往々にして読書をしないし、人にもすすめる人がいる。これはむせぶからといって食事をしない、つまり少しの障害があるからといって、必要な大事を廃するといった誤りを犯すことである。

〔参照〕
○「噎《えつ》を以て死する者あり。天下の食を禁ずるは則ち悖《もと》るなり」（「淮南子《えなんじ》」）

人《ひと》の一《いっ》生《しょう》の履《り》歴《れき》は、幼《よう》時《じ》と老《ろう》後《ご》とを除《のぞ》けば、率《おおむ》ね四五十年《ねん》間《かん》に過《す》ぎず。その聞《ぶん》見《けん》する所《ところ》は、殆《ほとん》ど一史《し》だにも足《た》らず。故《ゆえ》に宜《よろ》しく歴《れき》代《だい》の史《し》書《しょ》を読《よ》むべし。上《しょう》下《が》数《すう》千《せん》年《ねん》の事《じ》迹《せき》、羅《つら》ねて胸《きょう》臆《おく》に在《あ》らば、亦《また》快《かい》たらざらんや。眼《め》を著《つ》くる処《ところ》は、最《もっと》も人《にん》情《じょう》事《じ》変《へん》の上《うえ》に在《あ》れ。

（後四八）

〔訳文〕

人の一生を見ると、幼年時代と老後の時間を差引けば、大体四、五十年に過ぎない。その間に見聞する所は、ほとんど歴史の一部にも及ばない。だから、過去の事跡を書いた歴史の書を読むことが大切である。これによって、古より今に至る上下数千年の事跡が自分の胸中に備わることになり、これほど痛快なことはないではないか。その史書を読む時に大切なのは、最も人心の動きと事件の変化具合である。

〔参照〕

○「万変に応ずることの出来る一心を、平生において養っておく。そういう心を養う学問・求道が、今のわれわれにとって最も大切である。そのためにはますます学ばなければならないが、世間の紛々たるイデオロギーなどというたわいもないものではしようがなく、歴史とそれを織りなしてきた人物・学問を学ばなければいけない」

（安岡正篤「三国志と人間学」）

鱗《りん》介《かい》の族《ぞく》は水《みず》を以《もっ》て虚《きょ》と為《な》して、水《みず》の実《じつ》たるを知《し》らず。

〔訳文〕

水中で生きる魚貝類は、人間が空気の存在や有難さを意識しないように、水が実際にあることに気付いていない。自らを戒める資《し》とすべきである。

（後五三）

（後五五）

志《し》気《き》は鋭《するど》からんことを欲《ほっ》し、操履《そうり》は端《ただ》しからんことを欲《ほっ》し、品望《ひんぼう》は高《たか》からんことを欲《ほっ》し、識量《しきりょう》は豁《ひろ》からんことを欲《ほっ》し、造詣《ぞうけい》は深《ふか》からんことを欲《ほっ》し、見解《けんかい》は実《じつ》ならんことを欲《ほっ》す。

〔訳文〕

気概は鋭くありたい、品行は正しくありたい、品位や人望は高くありたい、見識や度量は広くありたい、学識は深くありたい、物の見方や解釈は本物を見極めるものでありたい。

人情《にんじょう》、事《じ》変《へん》、或《あるい》は深《しん》看《かん》を做《な》して之《これ》を処《しょ》すれば、却《かえっ》て失《しっ》当《とう》の者《もの》有《あ》り。大《たい》抵《てい》軽《けい》看《かん》して区《く》処《しょ》すれば、肯《こう》綮《けい》に中《あた》る者《もの》少《すく》なからず。

〔訳文〕
人の心の動きや社会の変化にかかわる問題は、あまり深く考え過ぎて、これを処置しようとすると、かえって失敗することがある。大抵の場合、軽く考えて処置すればいいのであって、それが要所を押さえている場合が少くない。

（後六一）

将《まさ》に事《こと》を処《しょ》せんとせば、当《まさ》に先《ま》ず略《ほぼ》其《そ》の大《だい》体《たい》如《い》何《かん》を視《み》て、而《しか》る後《のち》漸《ぜん》漸《ぜん》に以《もっ》て精《せい》密《みつ》の処《ところ》に至《いた》るべくんばなり。

〔訳文〕
物事を処理しようとする時には、まずその全体のありさまがどうなっているかを見て、その後にだんだんと細かな所に進んでいくようにするのが宜しい。

晦《かい》に処《お》る者《もの》は能《よ》く顕《けん》を見《み》、顕《けん》に拠《よ》る者《もの》は晦《かい》を見《み》ず。

〔訳文〕

暗い所にいる者は、明るい所をよく見ることが出来るが、明るい所にいる者は、暗い所を見ることが出来ない。

これは、その地位の上下の者にもあてはまる。

人《ひと》の世《よ》を渉《わた》るは行旅《こうりょ》の如《ごと》く然《しか》り。途《と》に険夷《けんい》あり。日《ひ》に晴雨《せいう》有《あ》りて、畢竟《ひっきょう》避《さ》くるを得《え》ず。只《た》だ宜《よろ》しく処《ところ》に随《したが》い時《とき》に随《したが》い相緩急《あいかんきゅう》すべし。速《すみや》かならんことを欲《ほっ》して以《もっ》て災《わざわい》を取《と》ること勿《なか》れ。猶予《ゆうよ》して以《もっ》て期《き》に後《おく》るること勿《なか》れ。是《こ》れ旅《たび》に処《しょ》するの道《みち》にして、即《すなわ》ち世《よ》を渡《わた》るの道《みち》なり。

〔訳文〕

人が世を渡るのは、旅行をするのと同じで、道中には、険《けわ》しい所もあれば、平坦な所もある。又、晴の日もあれば、雨の日もあって、これは避けることができない。その時の状況に応じて、ゆっくり行ったり、急いだりするのがよい。急ぎすぎて災難に遭ってはよくないし、ぐずぐずして予定の期日に遅れてもいけない。これが旅をする者の心得であって、すなわち世の中を渡ってゆく道でもあるのである。

（後七六）

人《ひと》は須《すべか》らく貴《き》賤《せん》各《おのおの》分《ぶん》有《あ》るを知《し》るべし、貴《き》人《じん》にして賤《せん》者《しゃ》の態《たい》を模《も》放《ほう》し、賤《せん》者《しゃ》にして貴《き》人《じん》の事《こと》を僭《せん》窃《せつ》せば、吾《わ》れ辱《はずかしめ》を之《こ》れ招《まね》くに非《あら》ずんば、則《すなわ》ち菑《わざわい》に之《こ》れ及《およ》ばんことを知《し》る。

〔訳文〕

人には現実に貴賤の別があり、それぞれに守るべき分限《ぶんげん》があることを知らねばならない。身分の高い人が、身分の賤しい人のやり方をまねたり、身分の低い人が、身分不相応に貴人のやることを盗み真似たりすると、恥辱を招くか、災難を受けるかである。注意をすべきである。

順《じゅん》境《きょう》は春《はる》の如《ごと》し。出《しゅつ》遊《ゆう》して花《はな》を観《み》る。逆《ぎゃっ》境《きょう》は冬《ふゆ》の如《ごと》し。堅《かた》く臥《ふ》して雪《ゆき》を看《み》る。春《はる》は固《も》と楽《たの》しむ可《べ》し。冬《ふゆ》も亦《また》悪《あ》しからず。

（後八六）

〔訳文〕

順境とは万事都合よく行って気持よいものであるから、春の季節のようなもので、外出して花見をして楽しみ遊びたい気持ちになる。それに対して逆境は、意の如くならない状況を言うのであるから、環境の厳しい冬のようなものである。家に閉じこもって外の雪景色を眺めて楽しむ程度である。春はもちろん大いに楽しむべきだが、冬も心の持ち方で悪くはないものである。

〔参照〕

○「名を成すは毎《つね》に窮苦《きゅうく》の日に在《あ》り、事を敗《やぶ》るは多くは、志を得るの時に因《よ》る」（「酔古堂剣掃」）

君子と小人　（後九六）

君子《くんし》は自《みずか》ら慊《けん》し、小人《しょうじん》は則《すなわ》ち自《みずか》ら欺《あざむ》く。君子《くんし》は自《みずか》ら彊《つと》め、小人《しょうじん》は則《すなわ》ち自《みずか》ら棄《す》つ。上達《じょうたつ》と下達《かたつ》とは一つの自字《じじ》に落在《らくざい》す。

〔訳文〕

徳のある君子は、常に自分の行為を見つめていて満足せずに努力するが、徳のない小人は、自ら偽《いつわ》って自分の行為に満足する。君子は自ら励み勉めて向上しようとするが、小人は自分をないがしろにして、うまく行かないと自暴自棄になる。向上するか堕落するかは、ただ「自」のあり方次第ということになる。

〔参照〕

○「修行に於いては、これ迄成就《じょうじゅ》という事はなし。成就と思う所、その儘《まま》道に背くなり。一生の間、不足々々と思いて思い死《じに》するところ、後より見て、成就の人なり」

（「葉隠」）

忿《いかり》熾《さかん》なれば則《すなわ》ち気《き》暴《あら》く、欲《よく》多《おお》ければ則《すなわ》ち気《き》耗《もう》す。
忿《いかり》を懲《こ》らし欲《よく》を窒《ふさ》ぐは、養《よう》生《じょう》に於《おい》ても亦《また》得《う》。

〔訳文〕
怒りの心が多くなれば気が荒々しくなり、欲望が多ければ気使いが多く消耗するものである。だから、怒りや欲望を抑えるのは、精神修養であると共に、身体の養生でもある。

〔参照〕
○「心平《たいらか》なれば、寿《いのちなが》し」　（白楽天）

怒や欲を押えるは養生の道

（後九七）

（後一〇九）

百年《ひゃくねん》、再生《さいせい》の我《われ》無《な》し。其《そ》れ曠《こう》度《ど》すべけんや。

〔訳文〕

百年後に自分が再び生れて来るということはないのだから、一日一日を空《むな》しく過してはならない。

〔参照〕

○「たった一人しかない自分を、たった一度しかない一生を、ほんとうに生かさなかったら、人間、生まれてきた甲斐がないじゃないか」

（山本有三著「路傍の石」）

○
人と生まる　こと難し
命あること　あり難し
法をきくこと　また難し
仏に会うこと　あり難し

（「法句経」）

「羊《ひつじ》を牽《ひ》きて悔《くい》亡《ほろ》ぶ。」操《そう》存《そん》の工《く》夫《ふう》当《まさ》に此《か》くの如《ごと》くすべし。

〔訳文〕

羊を飼って動かせる時、前から牽いてもなかなか思うように進まないで悔が残るが、後から追いかけるとよく前に進んでいくので悔が残ることはない。

志を操《あやつ》り心を動かすために修養するのもこのような要領でするのがよい。強引《ごういん》に引張るよりも、後から励まし、自力で進ませる方が、うまくいくものである。

（後一一〇）

（後一一一）

寛懐《かんかい》にして俗情《ぞくじょう》に忤《さから》わざるは和《わ》なり。立脚《りっきゃく》して、俗情《ぞくじょう》に墜《お》ちざるは介《かい》なり。

〔訳文〕
ゆったりとくつろいだ心持ちで、俗世間の流れに逆らわないのが「和」である。自分の立場・信念をしっかり定めて、俗世間の流れに巻きこまれないのが「介」である。

不《ふ》苟《こう》の字《じ》、以《もっ》て過《か》を寡《すくな》くす可《べ》し。不《ふ》愧《き》の字《じ》、以《もっ》て咎《きゅう》に遠《とおざ》かるべし。

〔訳文〕

事をおろそかにしないという意味の「不苟」の字を心に常に置いておけば、失敗を少なくすることが出来るし、良心に恥じるところがないという意味の「不愧」の字を心に置いて行えば、他人から非難されることから遠ざかることができる。

〔参照〕

○「君子に三楽あり、而《しこう》して天下に王たるは与《あずか》り存《そん》せず。父母倶《とも》に存し、兄弟故《けいていこ》なきは一《いつ》の楽しみなり。仰いで天に愧《は》じず、俯《ふ》して人に怍《は》じざるは二の楽しみなり。天下の英才を得て之を教育するは三の楽しみなり」

（『孟子』）

（後一一二）

（後一一六）

人《ひと》は多《おお》く己《おの》れの好《この》む所《ところ》を話《はな》して、己《おの》れの悪《にく》む所《ところ》を話《はな》さず。君《くん》子《し》は善《ぜん》を好《この》む。故《ゆえ》に毎《つね》に人《ひと》の善《ぜん》を称《しょう》し、悪《あく》を悪《にく》む。故《ゆえ》に肯《あ》えて人《ひと》の悪《あく》を称《しょう》せず。小《しょう》人《じん》は之《これ》に反《はん》す。

〔訳文〕

世間の人はたいてい善悪にかかわらず、自分の好きな話をして、自分の嫌う話はしないものである。君子は善を好むから、好き嫌いでなく、人の善行を褒《ほ》め称《たた》え、人の悪行を話題にしない。小人は之と反対に、人の悪行を話題し、善行を称えることはしないものである。

〔参照〕

○「子曰く、君子は人の美を成し、人の悪を成さず。小人はこれに反す」（「論語」）

子《こ》を教《おし》うるには、愛《あい》に溺《おぼ》れて以《もっ》て縦《じゅう》を致《いた》すこと勿《なか》れ。善《ぜん》を責《せ》めて以《もっ》て恩《おん》を賊《そこな》うこと勿《なか》れ。

〔訳文〕

子供を教えるには、溺愛してわがままにさせてはいけない。善行を厳しく求めて、その為に親子の情愛を損《そこな》ってはいけない。

〔参照〕

○「父子善を責むるは恩を賊《そこな》うの大なるものなり」（「孟子」）

子を教う三則（その一）

（後一五九）

忘《わす》るること勿《なか》れ。助《たす》けて長《ちょう》ぜしむること勿《なか》れ。子《こ》を教《おし》うるも亦《また》此《こ》の意《い》を存《そん》すべし。厳《げん》にして慈《じ》。是《これ》も亦《また》子《こ》を待《ま》つに用《もち》いて可《か》なり。

〔訳文〕
常に心にとどめて忘れるようなことがあってはならない。早く育て上げようとして、無理に助長してもいけない。稲を育てる時のこの心構えは、子供を育てる時の心構えでもある。厳格でありながら慈愛の情を忘れないというのは、子供を扱う上で大切なことである。

〔参照〕
○「必ず事とする有り。而して正《あ》ててすること勿れ。心に忘るること勿れ。助けて長ぜしむること勿れ」
（「孟子」）

子《こ》を易《か》えて教《おし》うるは、固《もと》より然《しか》り。余《よ》謂《おも》えらく、「三つの択《えら》ぶ可《べ》きもの有《あ》り。師《し》択《えら》ぶ可《べ》し、友《とも》択《えら》ぶ可《べ》し、地《ち》択《えら》ぶ可《べ》し」と。

〔参照〕

○「古《いにしえ》は子《こ》を易《か》えて、之を教《おし》う」（「孟子」）

〔訳文〕

昔の人は、子供を取り替えて教えたというが、まことに結構なことである。自分はこの時に三つのことを選ばねばならないと思う。第一は先生を選べ、第二は友を選べ、第三はその土地を選べ、ということである。

（後一六一）

（後一六八）

能《よ》く人《ひと》の言《げん》を受《う》くる者《もの》にして、而《しか》る後《のち》に与《とも》に一言《げん》すべし。人《ひと》の言《げん》を受《う》けざる者《もの》と言《い》わば、翅《ただ》に言《げん》を失《うしな》うのみならず、秖《まさ》に以《もっ》て尤《とが》めを招《まね》かん。益《えき》無《な》きなり。

〔訳文〕
よく人の言葉を受け入れる者であって、初めてその人と言葉を交し苦言を呈してもよい。人の言葉を受け入れない者に苦言を呈しても、その言葉が役に立たないだけではなく、却ってそのために言葉の咎を招くことになり、全く益のないことになる。

〔参照〕
○「物言えば　唇寒し　秋の風」　（松尾芭蕉）

人《にん》情《じょう》は水《みず》の如《ごと》し。之《こ》れをして平《へい》波《は》穏《おん》流《りゅう》の如《ごと》くならしむるを得《え》たりと為《な》す。若《も》し然《しか》らずして、之《これ》を激《げき》し之《これ》を壅《ふさ》がば、忽《たちま》ち狂《きょう》瀾《らん》怒《ど》濤《とう》を起《おこ》さん。懼《おそ》れざる可《べ》けんや。

〔訳文〕

人情はあたかも水のようなものである。そのため、これを静かな波や穏やかな流れのようにさせるのが、最も的を射たやり方であって、そうでなく、これを怒らせたり、塞《ふさ》ぎとめたりしたならば、たちまちのうちに荒れ狂う大波が巻き起ってくるであろう。懼《おそ》れ慎まなくてはならないことである。

人情は水の如し

（後一六九）

凡《およ》そ事《こと》を処《しょ》するには、須《すべか》らく平《へい》平《へい》穏《おん》穏《おん》なるを要《よう》すべし。人《ひと》の視《し》聴《ちょう》を駭《おどろ》かすに至《いた》れば、則《すなわ》ち事《こと》は善《よ》しと雖《いえど》も、或《あるい》は小《しょう》過《か》に傷《きず》つく。

（後一七〇）

〔訳文〕
およそ事を処理するには、出来るだけ平穏のうちになすべきである。人の耳目を驚かすようなことになると、そのことはうまくいっても、小さな過失を犯して傷つくことがあるものである。

実言《じつげん》は芻蕘《すうじょう》の陋《ろう》と雖《いえど》も、以《もっ》て物《もの》を動《うご》かすに足《た》る。
虚言《きょげん》は、能弁《のうべん》の士《し》と雖《いえど》も、人《ひと》を感《かん》するに足《た》らず。

〔訳文〕

真実の言葉は、身分の低い草刈り人や木こりの言葉であっても、人を感動させる力があるものである。偽《いつわ》りの言葉は、雄弁の人の言葉であっても、人を感動させる力はないものである。

(後一七七)

（後一八五）

戯《ぎ》言《げん》固《も》と実事《じつじ》に非《あら》ず。然《しか》れども意の伏《ふく》する所《ところ》、必《かなら》ず戯《ぎ》諠《ぎゃく》中《ちゅう》に露《ろ》見《けん》して、揜《おお》う可《べ》からざる者《もの》有《あ》り。

〔訳文〕

たわむれの言葉は、もとより真実のことではない。しかし、心に潜んでいることは、必ず冗談や洒落《しゃれ》などふざけているうちに現われてきて、覆《おお》い隠すことは出来ないものである。

寛《かん》なれど縦《じゅう》ならず。明《めい》なれども察《さつ》ならず。簡《かん》なれども麁麤《そそ》ならず。果《か》なれども暴《ぼう》ならず。此《こ》の四者《しゃ》を能《よ》くせば、以《もっ》て政《まつりごと》に従《したが》うべし。

〔訳文〕

一、寛容であっても、でたらめではない。

二、明敏ではあっても、厳しく人の落度を取り調べることはない。

三、簡単ではあるが粗雑ではない。

四、果敢ではあっても乱暴ではない。

以上の四つをよく実行できれば、立派な政治を行うことができる。

（後一八八）

（後二二一）

人《ひと》の物《もの》を我《われ》に乞《こ》うをば、厭《いと》うこと勿《なか》れ。我《われ》の物《もの》を人《ひと》に乞《こ》うをば、厭《いと》う可《べ》し。

〔訳文〕
人が自分に物を乞い求めたならば、嫌がることなく与えるがよい。しかし、自分が人に物を乞い求めることは、してはならない。

〔参照〕
○「有りて施さざれば、窮して与えらるることなし」（「荀子」）

財《ざい》を理《おさ》むるには、当《まさ》に何《なん》の想《そう》を著《つ》くべきか。余《よ》謂《い》う、「財《ざい》は才《さい》なり、当《まさ》に才人《さいじん》を駆使《くし》するが如《ごと》く然《しか》るべし」と。事《こと》を弁《べん》ずるは才《さい》に在《あ》り。禍《か》を取《と》るも亦《また》才《さい》に在《あ》り。慎《つつし》まざる可《べ》けんや。

（後二二七）

〔訳文〕

財貨を活用して、利益のあるように運用するには、どう考えたら良いか。私はこれについて次のように思う。「財」は「才能」である。だから才能のある人を使うのと同じように活用したらよい。事を処理するのも、禍を取るのも、才人であって、使い方如何にかかってくるのであるから、よく慎んで使い方を考えねばならない。

〔参照〕

○　財貨

貪人《たんじん》好んで財を聚《あつ》む
恰《あたか》も梟《ふくろう》の子を愛するが如し
子大となれば母を食う
財多くして還《かえ》って己を害す
之《これ》を散ずれば福生じ
之を聚むれば即《すなわ》ち禍起こる
財無く亦《また》禍無くんば
翼を青雲の裡《うち》に鼓《こ》せん

（「寒山詩」）

財貨（訳詞）

貪欲者は好んで金をためる
丁度梟が子を愛するようなものだ
梟の子が大きくなると母を食う
財産がたまると己を害する
財産をうまく使えば福が生じ
集めっぱなしだと禍が起こる
財産もなく、禍もなければ
鳥が大空を飛ぶようなものだ

（訳詞は延原大川氏による）

婦《ふ》人《じん》の齢《よわい》四十も、亦《また》一生《しょう》変化《へんか》の時候《じこう》と為《な》す。三十前後《ぜんご》猶《な》お羞《しゅう》を含《ふく》み、且《か》つ多《おお》く舅姑《きゅうこ》の上《うえ》に在《あ》る有《あ》り。四十《しじゅう》に至《いた》る比《ころ》、鉛華《えんか》漸《ようや》く褪《あ》せ、頗《すこぶ》る人事《じんじ》を料理《りょうり》す。因《よ》って或《あるい》は賢婦《けんぷ》の称《しょう》を得《う》るも、多《おお》く此《こ》の時候《じこう》に在《あ》り。然《しか》れども又《また》其《そ》の漸《ようや》く含羞《がんしゅう》を忘《わす》れ修飾《しゅうしょく》する所《ところ》無《な》きを以《もっ》て、則《すなわ》ち或《あるい》は機智《きち》を挾《さしはさ》み、淫妬《いんと》を縦《ほしいまま》にし、大《おおい》に婦徳《ふとく》を失《うしな》うも、亦《また》多《おお》く此《こ》の時《じ》候《こう》に在《あ》り。其《そ》の一成《せい》一敗《ばい》の関《かん》すること、猶《な》お男子《だんし》五十の時《じ》候《こう》のごとし。預《あらかじ》め之《こ》れが防《ぼう》を為《な》すことを知《し》らざる可《べ》けんや。

〔訳文〕

女性の四十歳も、変化の起きる時期である。三十前後はまだ恥じらいがあり、家庭には舅《しゅうと》や姑《しゅうとめ》がいて身を慎むが、四十歳ごろになると、化粧をする気持も褪《あ》せ、人の世話や処理が上手になる。そのため賢婦人と呼ばれるようになるのも、多くはこの時期である。しかしその一方で、恥じらいがなくなり、容姿にも気をつけることもおろそかになり、その場しのぎがうまくなり、身を持ち崩す者も出てきて、婦徳を大いに失うのもこの時期に多い。

婦徳を全う出来るかどうか、男子の五十歳のころと同じようである。予《あらかじ》めこれを承知していて防ぐことを考えねばならないのではなかろうか。

吾人《ごじん》の工夫《くふう》は、自《みずか》ら覔《もと》め自《みずか》ら覰《うかが》うに在《あ》り。義理《ぎり》混混《こんこん》として生《しょう》ず。物《もの》有《あ》るに似《に》たり。源頭来処《げんとうらいしょ》を認《みと》めず。物《もの》無《な》きに似《に》たり。

〔訳文〕

われわれの修養上の工夫は、自ら自分の心に求め、自らそれを視察するにある。そうすると、正しき道理が水が混々と湧き出るように出て来て、そこに何物かがあるように思われる。しかし、その物の根源が何処にあるか判らないから、何物もないようにも思われる。これが心の本体なのである。

修養の工夫

（晩四）

心《こころ》は平《たいら》なるを要《よう》す、平《たいら》なれば則《すなわ》ち定《さだま》る。気《き》は易《い》なるを要《よう》す。易《い》なれば則《すなわ》ち直《なお》し。

〔訳文〕

心は穏やかで落ちついていることが大切である。心が平安であれば、自然に心は安定する。同様に気は安らかであることが肝要である。気が安らかであれば、何事もまっすぐに行うことが出来る。

〔参照〕

○「心和《こころわ》し気平《きたい》らかなる者は、百福《ひゃくふく》自《おの》ずから集《あつ》まる」

（「菜根譚」）

「憤《ふん》を発《はっ》して食《し》を忘《わす》る」とは、志気《しき》是《か》くの如《ごと》し。

「楽《たのし》んで憂《ゆう》を忘《わす》る」とは、心体《しんたい》是《か》くの如《ごと》し。

「老《おい》の将《まさ》に至《いた》らんとするを知《し》らず」とは、命《めい》を知《し》り天《てん》を楽《たのし》むこと是《か》くの如《ごと》し。聖人《せいじん》は人《ひと》と同《おな》じからず。又《また》人《ひと》と異《こと》ならず。

聖人は人と同じからず、また異ならず

（晩九）

〔訳文〕

「物事の道理を探求して判らない所があると、それをどうしても求めようとする憤《ふん》の気持が昂揚して食事も忘れる」というのは、孔子の志がこのように盛んであったことを示すものである。「何事も明るく楽しく受取って、一切の憂を忘れてしまう」というのは、孔子の心の持ち方がいかに健全であることかを示すものである。「一心に道を求めて、年をとることも覚えない」というのは、孔子が天命を知り天道を楽しんでいたということを示すものである。このように考えてくると、聖人は忘食・忘憂・忘老と我々が及びえない境地にあるようであるが、又、食が必要であり、憂を感じ、年をもとる点などを考えると、我々とそんなに違っていないようにも思われる。我々努力次第で我々も聖人になれるのではないか。

〔参照〕

○「顔淵曰く、舜何人《しゅんなんびと》ぞや、予《わ》れ何人ぞや」（「孟子」）

一燈《いっとう》を提《さ》げて暗夜《あんや》を行《ゆ》く。暗夜《あんや》を憂《うれ》うること勿《なか》れ。只《だ》だ一燈《いっとう》を頼《たの》め。

〔訳文〕

手元に一つの提灯《ちょうちん》をさげて暗い夜道を行く時には、闇夜を心配することはない。ただ一つの提灯を頼りにして行けばよいのだ。

〔参照〕

○おのれこそ　おのれのよるべ
他の誰に　頼られようぞ
よく調《ととの》えられし　おのれこそ
まこと得難き　よるべなれ

（「法句経」）

○「自燈明。法燈明」

（釈尊の遺言）

濁《だく》水《すい》も亦《また》水《みず》なり。一《ひと》たび澄《す》めば清《せい》水《すい》と為《な》る。客《かっ》気《き》も亦《また》気《き》なり。一《ひと》たび転《てん》ずれば正《せい》気《き》と為《な》る。逐《ちっ》客《かく》の工《く》夫《ふう》は、只だ是《こ》れ克《こっ》己《き》のみ。只《た》だ是《こ》れ復《ふく》礼《れい》のみ。

〔訳文〕

濁り水もまた水に変りなく、一度澄めば清らかな水となる。から元気も元気の一種で一度変ると公明正大な正気となる。ただこのから元気を正気にする工夫は、私欲に打克つ克己以外にはない。正しい礼に返るだけのことである。

〔参照〕

○「顔淵仁を問う。子曰く、克己復礼を仁となす」（「論語」）

少《わか》くして学《まな》べば、則《すなわ》ち壮《そう》にして為《な》すこと有《あ》り。
壮《そう》にして学《まな》べば、則《すなわ》ち老《お》いて衰《おとろ》えず。
老《お》いて学《まな》べば、則《すなわ》ち死《し》して朽《く》ちず。

〔訳文〕
少年の時に学んでおけば、壮年になった時に役立ち、立派な仕事をすることができる。壮年の時に学んでおけば、道理に通じて老いても気力の衰えることがない。老年になっても学んでおけば、若い者を指導することが出来、社会に貢献も出来て死んでからもその名が朽ちることはない。

〔参照〕
○「学ばざれば、便《すなわ》ち老いて衰《おとろ》う」（「近思録」）
○「青春とは、人生のある期間を言うのではなく、心の様相を言うのだ。（後略）」
（サムエル・ウルマン（岡田義夫訳））

（晩六〇）

（晩七〇）

我《わ》れは当《まさ》に人《ひと》の長処《ちょうしょ》を視《み》るべし。人《ひと》の短処《たんしょ》を視《み》ること勿《なか》れ。短処《たんしょ》を視《み》れば、則《すなわ》ち我《わ》れ彼《か》れに勝《まさ》り、我《わ》れに於《おい》て益《えき》無《な》し。長処《ちょうしょ》を視《み》れば、則《すなわ》ち彼《か》れ我《わ》れに勝《まさ》り、我《わ》れに於《おい》て益《えき》有《あ》り。

〔訳文〕

人を視る時は、その長所を視るようにして、短所を視るべきではない。人の短所を視ると、自分の方が相手よりすぐれていると思い、努力しなくなるから、自分の為にならない。人の長所を視るようにすると、相手が自分よりすぐれている所が判り、それに近づこうと努力するから、自分にとって有益である。

〔参照〕

○「君子は人の美を成し、人の悪を成さず。小人は是れに反す」（「論語」）

○「人、己《おのれ》を誉《ほ》むるとも、己に何をか加えん。若《も》し誉《ほまれ》によって、自ら怠《おこた》らば、則《すなわ》ち反《かえ》って損《そん》す。人、己を毀《そし》るとも、己に何をか損せん。若《も》し毀《そしり》によって、自ら強うせば、則《すなわ》ち反《かえ》って益《えき》す」

（佐久間象山「省諐録《せいけんろく》」）

志《こころざし》、人《ひと》の上《うえ》に出《い》ずるは、倨《きょ》傲《ごう》の想《そう》に非《あら》ず。身《み》、人後《じんご》に甘《あま》んずるは、萎《い》苶《でつ》の陋《ろう》に非《あら》ず。

〔訳文〕

志が人より高いところにあると言うのは、決して傲慢《ごうまん》な思いではない。自分の身を持するのに人の後ろにおいて慎ましくするのは、謙虚な態度であって萎縮《いしゅく》してしまっている態度ではない。

志は高く、身を持するは低く

（晩七一）

彼《かれ》を知《し》り己《おのれ》を知《し》れば、百《ひゃく》戦《せん》百勝《ひゃくしょう》す。彼《かれ》を知《し》るは、難《かた》きに似《に》て易《やす》く、己《おのれ》を知《し》るは、易《やす》きに似《に》て難《かた》し。

〔訳文〕

戦において、相手の実情を知り、自分の実力を知って処置すれば、絶対に負けることはない。しかしその相手の実情を知るというのは、難《むず》かしそうではあるが、手段を尽せば案外易しいものであるし、自分の実力を公正に判断するというのは、ひいき目に見易く、かえって難しいものである。

〔参照〕

○「彼《かれ》を知り、己《おのれ》を知れば百戦殆《あやう》からず。彼を知らずして、己を知らば、一勝一負す。彼を知らず、己を知らざれば、戦う毎《ごと》に必ず殆《あやう》し」（「孫子」）

○「山中の賊《ぞく》は破るは易《やす》く、心中の賊を破るは難《かた》し」（王陽明）

才《さい》有《あ》りて量《りよう》無《な》ければ、物《もの》を容《い》るる能《あた》わず。量《りよう》有《あ》りて才《さい》無《な》ければ、亦《また》事《こと》を済《な》さず。両者《りようしや》兼《か》ぬることを得《う》可《べ》からずんば、寧《むし》ろ才《さい》を舎《す》てて量《りよう》を取《と》らん。

〔訳文〕

人は才能があっても度量が無ければ、人を包容してその力を理解し活用することは出来ず、又、度量があっても才能が無ければ、事を成就することは出来ない。この才能と度量との二つを兼ね備えることが出来ないというのであれば、いっそのこと才能を捨てて度量のある人物になりたいものである。

〔参照〕

○「学に志《こころざ》す者規模を宏大にせずばある可からず。去りとて唯ここにのみ偏倚《へんい》すれば或は身を修するに疏に成り行くゆえ終始己れに克ちて身を修する也。規模を宏大にして己れに克ち男子は人を容れ人に容れられては済《す》まぬものと思えよ（後略）」

（「南洲翁遺訓」）

（晩一二五）

婦徳《ふとく》は一箇《こ》の貞字《ていじ》、婦道《ふどう》は一箇《こ》の順字《じゅんじ》。

（晩一四一）

〔訳文〕
婦人が守り育てるべき徳は、操が正しいことを意味する「貞」の一字であり、婦人が行うべき道は、道理に素直に従うという意味の「順」の一字である。

官《かん》に居《お》る者《もの》は、事《こと》未《いま》だ手《て》に到《いた》らざるとき、阪路《はんろ》を攀《よ》ずるが如《ごと》し。歩《ほ》歩《ほ》艱《かん》難《なん》すれども、却《かえ》って蹉《さ》跌《てつ》無《な》し。事《こと》既《すで》に手《て》に到《いた》れば、阪《はん》路《ろ》を下《くだ》るが如《ごと》し、歩《ほ》歩《ほ》容《よう》易《い》なれども輒《やや》もすれば顛《てん》躓《ばい》を致《いた》す。

〔訳文〕

役所に仕えている者は、仕事に馴れない中《うち》は、丁度、坂路《さかみち》をのぼる時のようなもので、一歩一歩が苦しく大変であるが、かえって蹟《つまず》き失敗することはない。これに反して、仕事に馴れてくると、ちょうど坂路を下る時のようなもので、一歩一歩は楽ではあるが、油断をして倒れたり蹟《つまず》いたりするものだ。

失敗は慣れない者に少なく、慣れた者に多し

（晩一五二）

果《か》断《だん》は義《ぎ》より来《きた》る者《もの》有《あ》り。智《ち》より来《きた》る者《もの》有《あ》り。勇《ゆう》より来《きた》る者《もの》有《あ》り。義《ぎ》と智《ち》とを幷《あわ》せて来《きた》る者《もの》有《あ》り。上《じょう》なり。徒《と》勇《ゆう》のみなるは殆《あやう》し。

〔訳文〕

物事を思い切って決断し実行する果断の態度は、正義感から来ることもあり、智恵から来ることもあり、勇気から来ることもある。又、正義感と智恵から来ることもあるが、これは最上の果断である。ただ血気にはやる勇気だけから来る果断は、危いものがあり、注意すべきである。

勧《かん》学《がく》の方《ほう》は一ならず。各《おのおの》其《そ》の人《ひと》に因《よ》りて之《これ》を施《ほどこ》す。称《ほ》めて之《こ》れを勧《すす》むること有《あ》り。激《げき》して之れを勧《すす》むることあり。又《また》称《ほ》めず激《げき》せずして、其《そ》の自《みずか》ら勧《すす》むを待《ま》つ者《もの》有《あ》り。猶《な》お医人《いじん》の病《やまい》に応《おう》じて剤《くすり》を施《ほどこ》すに、補《ほ》瀉《しゃ》一ならず、必《かなら》ず先《ま》ず其《そ》の症《やまい》を察《さっ》して然《しか》するがごとし。

（晩一六七）

（晩一六七）

〔参照〕

○「応病与薬」

〔訳文〕

学問を勧める方法は一つに限ったものではない。学問を勧める相手の状態に応じて考えるべきで、ほめて勧める場合もあり、励まして勧める場合もあり、又、ほめることも励ますこともしないで、本人が自分でやる気を起すことを待つこともある。これは丁度、医者が病に応じた薬を渡すのと同じで、或る人には補養剤を与え、或る人には下剤を与えるようなものである。誰でも一様ではなく、その病の状態によって適した薬を与えるようなものである。

人《ひと》は当《まさ》に自《みずか》ら吾《わ》が心《こころ》を礼拝《らいはい》し、自《みずか》ら安否《あんぴ》を問《と》うべし。吾《わ》が心《こころ》は即《すなわ》ち天《てん》の心《こころ》、吾《わ》が身《み》は即《すなわ》ち親《おや》の身《み》なるを以《もっ》てなり。是《これ》を天《てん》に事《つか》うと謂《い》い、是《こ》れを終身《しゅうしん》の孝《こう》と謂《い》う。

〔訳文〕

人は常に自分の心を尊び拝み、その心が安らかであるかどうかを確認すべきである。自分の心は、天の心を与えられたものであり、自分の身体は親から授かったものであるからである。このように自分の心を反省し、天の心を保持することが天に事《つか》えるということであり、身体を大切にすることが、生涯を通しての孝というものである。

人はわが心を礼拝すべし

（晩一七七）

君子は実響ありとも虚声ある勿れ

名誉《めいよ》は、人《ひと》の争《あらそ》い求《もと》むる所《ところ》にして、又人《またひと》の群《むらが》りて毀《やぶ》る所《ところ》なり。君子《くんし》は只《た》だ是《こ》れ一実《じつ》のみ。寧《むし》ろ実響《じつきょう》有《あ》りとも、虚声《きょせい》有《あ》ること勿《なか》れ。

（晩一八三）

〔訳文〕

名誉は人が争って求めるものであり、人々が集って批評し非難するものである。君子たる者は、その実を尊び、名は気にしないものである。むしろ、実際の功績に伴う名誉評判はあっても、実際と離れた内容のない名誉評判はあって欲しくないものである。

人《ひと》の一生《しょう》には、順《じゅん》境《きょう》有《あ》り。逆《ぎゃっ》境《きょう》有《あ》り。消長《しょうちょう》の数《すう》、怪《あやし》む可《べ》き者《もの》無《な》し。余《よ》又《また》自《みずか》ら検《けん》するに、順中《じゅんちゅう》の逆《ぎゃく》有《あ》り、逆中《ぎゃくちゅう》の順《じゅん》有《あ》り。宜《よろ》しく其《そ》の逆《ぎゃく》に処《しょ》して、敢《あえ》て易心《いしん》を生《しょう》ぜず。其《そ》の順《じゅん》に居《お》りて、敢《あえ》て惰《だ》心《しん》を作《な》さざるべし。惟《た》だ一の敬《けい》の字《じ》、以《もっ》て逆順《ぎゃくじゅん》を貫《つらぬ》けば可《か》なり。

順境あり、逆境あり

（晩一八四）

順境あり、逆境あり

（晩一八四）

〔参照〕

○「名を成すは毎《つね》に窮苦《きゅうく》の日に在《あ》り、事を敗《やぶ》るは多くは、志を得るの時に因《よ》る」（「酔古堂剣掃」）

〔訳文〕

人の一生には順境もあれば、逆境もある。これ「栄枯盛衰世の習《ならい》」と言うように、当り前の事である。私が自ら調べたところによると、順境の中にも逆境があり、逆境の中にも順境がある。だから逆境にあるからといってやけくそになったり、順境にいるからといって怠け心を起こしてはいけない。唯だ「敬」の一字を守りぬいて、順境も逆境も貫いて行けば良いのである。

愛敬《あいけい》の心《こころ》は、即《すなわ》ち天地《てんち》生生《せいせい》の心《こころ》なり。草木《そうもく》を樹《じゅ》芸《げい》し、禽虫《きんちゅう》を飼養《しよう》するも、亦唯《またた》だ此《こ》の心《こころ》の推《すい》なり。

〔訳文〕
愛し敬う心は、大自然即ち天地が万物を育て発展させる心と同じである。草木を植え育てたり、鳥や虫を飼って楽しむのも、この愛敬の心を推し進めたものである。

愛敬の心

（晩一八八）

富人《ふじん》を羨《うらや》むこと勿《なか》れ。渠《か》れ今《いま》の富《とみ》は、安《いず》くんぞ其《そ》の後《のち》の貧《ひん》を招《まね》かざるを知《し》らんや。貧人《ひんじん》を侮《あなど》ること勿《なか》れ。渠《か》れ今《いま》の貧《ひん》は、安《いずく》んぞ其《そ》の後《のち》の富《とみ》を貽《たい》せざるを知《し》らんや。畢《ひつ》竟《きょう》天《てん》定《てい》なれば、各《おのおの》其《そ》の分《ぶん》に安《やす》んじて可《か》なり。

（晩一九〇）

〔訳文〕

金持を羨《うらや》んではいけない。彼の現在の富が、どうして後日の貧乏を招かないということが判《わか》ろうか。貧乏人を侮《あなど》ってはいけない。彼の現在の貧困が、どうして将来の金持ちの元であることを知ることが出来ようか。結局、貧富というものは天が定めるものであるから、われわれはその分に安んじて毎日を真剣に生きてゆけば良いのだ。

（晩一九〇）

人を見て自分の幸福を知る

（晩一九二）

人《ひと》の禍《か》有《あ》るを見《み》て、我《わ》が禍《か》無《な》きの安《やす》らかなるを知《し》り、人《ひと》の福《ふく》有《あ》るを見《み》て、我《わ》が福《ふく》無《な》きの穏《おだや》かなるを知《し》る。心《こころ》の安《あん》穏《おん》なる処《ところ》は、即《すなわ》ち身《み》の極《ごく》楽《らく》なる処《ところ》なり。

〔訳文〕

他人の禍を見て、自分に禍のないことが、いかに心安らかであることが判る。また他人の幸福であるのを見て、自分は幸福でないために、他人の妬みを受けず、かえって心は平穏であることを知ることが出来る。心が安穏な事が、肉体的にも極めて楽しい事である。

人《ひと》は皆《みな》将来《しょうらい》を図《はか》れども、而《しか》も過去《かこ》を忘《わす》る。殊《こと》に知《し》らず、過去《かこ》は乃《すなわ》ち将来《しょうらい》の路頭《ろとう》たるを。分《ぶん》を知《し》り足《た》るを知《し》るは、過去《かこ》を忘《わす》れざるに在《あ》り。

〔訳文〕

人は皆これから先のことばかり考えるけれども、過去の経験を忘れてしまっている。殊《こと》に、過去が将来の人生の出発点であることを忘れてしまっている。自分の立場の分限《ぶんげん》を知り、現状に納得することは、過去を忘れないということから生れるのである。

〔参照〕

○「禍は足ることを知らざるより大なるはなし。咎《きゅう》は得ることを欲するより大なるはなし。故に足るを知るの足るは常に足るなり」

（「老子」）

過去は将来への路頭なり

（晩一九三）

人《ひと》有《あ》り、自《みずか》ら不《ふ》好《こう》話《わ》を談《だん》ぜずと雖《いえど》も、而《しか》も他《た》人《にん》を誘《ゆう》動《どう》して談《だん》ぜしめ、己《おのれ》は則《すなわ》ち側《かたわら》に在《あ》りて、衆《しゅう》と共《とも》に聞《き》きて之《これ》を快《かい》咲《しょう》し、以《もっ》て一場《じょう》の興《きょう》を取《と》るは、太《はなは》だ失《しっ》徳《とく》たり。究《つい》に自《みずか》ら不《ふ》好《こう》話《わ》を談《だん》ずると一般《いっぱん》なり。

〔訳文〕

世間には、自分は人の道に背くような好《よ》くない話はしないけれども、他人を誘い出してそのような話をさせ、自分はその側に陣取って、他の者と一緒に聞いて愉快に笑い、その場の空気に合わせる者がいるが、これは非常に徳を損う行為である。これは、自分自身が、そのような話をするのと同罪である。

背《はい》撻《たつ》の痛《いた》さは耐《た》え易《やす》く、脇《きよう》搐《ちく》の癢《かゆ》さは忍《しの》び難《がた》し。

〔訳文〕
背中を鞭《むち》で打たれる痛さは我慢することが出来るが、脇の下をくすぐられるのは我慢ができるものではない。

（晩一九七）

艱難の教訓

（晩二〇五）

艱《かん》難《なん》は能《よ》く人《ひと》の心《こころ》を堅《かた》うす。故《ゆえ》に共《とも》に艱《かん》難《なん》を経《へ》し者《もの》は、交《まじわり》を結《むす》ぶも亦《また》密《みつ》にして、竟《つい》に相《あい》忘《わす》るる能《あた》わず。「糟《そう》糠《こう》の妻《つま》は堂《どう》を下《くだ》さず」とは、亦《また》此《こ》の類《るい》なり。

〔訳文〕

辛《つら》く苦しい体験は、人の心を堅固にする。だから一緒に艱難を経験してきた者は、その交友も緊密で、いつまでも忘れることが出来ないものである。

「酒の糟や米の糠を食べて飢をしのぐような難儀を一緒にしてきた妻は、出世した後も、家から追い出すようなことはせず大切にする」というのも同じ道理である。

〔参照〕

○「貧賤の交りは忘るべからず。糟糠の妻は堂より下さず」（「後漢書」）

人《ひと》を欺《あざむ》かざる者《もの》は、人《ひと》も亦《また》敢《あえ》て欺《あざむ》かず。人《ひと》を欺《あざむ》く者《もの》は、却《かえ》って人《ひと》の欺《あざむ》く所《ところ》と為《な》る。

〔訳文〕

人をだまさない者は、人もまた決してだまさない。人をだます者は、かえって人からだまされるようになる。

他人をだまさない人はだまされない

（晩二〇九）

（晩二一三）

怨《うらみ》に遠《とお》ざかるの道《みち》は、一箇《こ》の恕《じょ》の字《じ》にして、争《あらそい》を息《や》むるの道《みち》は、一箇《こ》の譲《じょう》の字《じ》なり。

〔訳文〕
人から怨《うら》まれないようにする道は、恕の一字、つまり思いやりの心である。争いごとを止める道は、譲の一字、つまり自らへりくだり譲《ゆず》るという態度にある。

人《ひと》、得《とく》意《い》の時《とき》は輒《すなわ》ち言《げん》語《ご》饒《おお》く、逆《ぎゃく》意《い》の時《とき》は即《すなわ》ち声《せい》色《しき》を動《うご》かす。皆《みな》養《よう》の足《た》らざるを見《み》る。

〔訳文〕

人というものは、得意の時には饒舌《じょうぜつ》になり、失意の時には声や顔に心中の動揺が出るものである。これらは皆修養が足りないことを表わしている。

〔参照〕

○六然　崔後渠《さいこうきょ》（明末）

自処超然《ちょうぜん》　自分自身は何ものにも捕らわれず

処人藹然《あいぜん》　何人に対しても好意に富み、

有事斬然《ざんぜん》　事件があればきっぱりして、

無事澄然《ちょうぜん》　何事も無い時は澄みきって、

得意澹然《たんぜん》　得意の時はあっさりして、

失意泰然《たいぜん》　失意の時はゆったりと

（口語訳は、安岡正篤「政治家と実践哲学」による）

（晩二一五）

石《いし》重《おも》し。故《ゆえ》に動《うご》かず。根《ね》深《ふか》し。故《ゆえ》に抜《ぬ》けず。人《ひと》は当《まさ》に自《じ》重《ちょう》を知《し》るべし。

（晩二二二）

〔訳文〕

石は重いから動かないし、大木は根が深く張っているから抜けない。人もこれと同じように自らを重くし、他によって軽々しく動かされないように、工夫を積むべきである。

〔参照〕

○「それ学は通のために非ざるなり。窮して困《くる》しまず、憂《うれ》いて意《こころ》衰えざるが為なり。禍福終始を知って惑わざるが為なり」（「荀子」）

○「順境に居《い》ても安んじ、逆境に居ても安んじ、坦蕩々《たんとうとう》として苦しめる処《ところ》なし。これを真楽というなり。萬《よろず》の苦を離れて、この真楽を得るを学問の目あてとす」（中江藤樹）

親《おや》に事《つか》うる道《みち》は、己《おの》れを忘《わす》るるに在《あ》り。子《こ》を教《おし》うるの道《みち》は、己《おの》れを守《まも》るに在《あ》り。

〔訳文〕
親に事《つか》える道は、自分（私心）を忘れて親の心が安らかにあるように尽《つく》すことにある。

子を教えるには、自分を慎み守って、子供によい手本を示すようでなければならない。

父《ちち》の道《みち》は当《まさ》に厳《げん》中《ちゅう》に慈《じ》を存《そん》すべし。母《はは》の道《みち》は当《まさ》に慈《じ》中《ちゅう》に厳《げん》を存《そん》すべし。

〔訳文〕
父の道は、厳格のうちに慈愛がなければならない。母の道は、慈愛のうちに厳しさがなければならない。

家庭の道徳（その一・その二）

（晩二二八・晩二二九）

人《ひと》の過《か》失《しつ》を責《せ》むるには、十分《ぶん》を要《よう》せず。宜《よろ》しく二三分《ぶん》を余《あま》し、渠《か》れをして自《じ》棄《き》に甘《あま》んぜず、以《もっ》て自《みずか》ら新《あら》たにせんことを覓《もと》め使《し》むべくして可《か》なり。

〔訳文〕

人の過失を責めるときには、徹底的に責めるのはよくない。二、三分は残しておいて、その人が投げやりにならず、自分で改め立ち直るように仕向けてやるのがよい。

形迹《けいせき》の嫌《けん》は、口舌《こうぜつ》を以《もっ》て弁《べん》ず可《べ》からず。无妄《むぼう》の災《さい》は、智術《ちじゅつ》を以《もっ》て免《まぬか》る可《べ》からず。一誠字《せいじ》を把《と》って以《もっ》て槌子《ついし》と為《な》すに如《し》くは莫《な》し。

〔訳文〕
態度や行動について嫌疑《けんぎ》を受けたときには、口先で弁解しても効果がない。思い当たる節もなく受ける災難は、智慧をつかって免れることは出来ない。ただ誠の一字を槌《つち》のように振るって、嫌疑を晴らす以外にはないのである。

（晩二三五）

（晩二三六）

鋭進《えいしん》の工夫《くふう》は固《もと》より易《やす》からず。退歩《たいほ》の工夫《くふう》は尤《もっと》も難《かた》し。惟《た》だ有識者《ゆうしきしゃ》のみ庶幾《ちか》からん。

〔訳文〕

まっしぐらに進んで事を為すのは、無論《むろん》簡単なことではない。しかし、それよりも難しいのは、引退する時のやり方である。これはただ、真に見識ある者だけにできることであろう。

〔参照〕

○「功遂《こうと》げ身退《しりぞ》くは、天の道なり」（「老子」）

○春は春のなすべきことが終れば、その地位を夏に譲る。夏も秋もそれぞれ葉を茂らせ実をみのらせれば、冬にその地位を譲る。

人間にも一応の仕事ができ、功名を遂《と》げたら、その位置から退くのが、天の道に従うゆえんである。

（諸橋轍次「中国古典名言事典」による）

人《ひと》は恥《はじ》無《な》かる可《べ》からず。悔《くい》を知《し》れば則《すなわ》ち悔《くい》無《な》く、又《また》悔《くい》無《な》かる可《べ》からず。恥《はじ》を知《し》れば則《すなわ》ち恥《はじ》無《な》し。

〔訳文〕

人間には、恥を知るということがなくてはならない。また、悔い改めるということがなくてはならない。悔い改めることを知っておれば、悔い改めることはなくなるし、恥を知ることを心得ておれば、恥をかくことはなくなるものである。

〔参照〕

○「人以《もっ》て恥なかるべからず。恥ずることなきを之れ恥ずれば、恥なし」（「孟子」）

恥という着物ほど立派な着物はない

（晩二四〇）

人《ひと》は苦《く》楽《らく》無《な》き能《あた》わず。唯《た》だ君《くん》子《し》の心《こころ》は苦《く》楽《らく》に安《やす》んじて、苦《く》あれども苦《く》を知《し》らず。小人《しょうじん》の心《こころ》は苦《く》楽《らく》に累《わずら》わされて楽《らく》あれども楽《らく》を知《し》らず。

〔訳文〕

人は誰でも苦楽がないことはない。立派な君子の心は苦楽をそのまま受け入れて安んじているから、苦があっても苦しむことを知らない。一方、小人の心は苦楽に煩《わずら》わされているから、楽があっても楽を味わうことが出来ない。

〔参照〕

〇「苦しみを　転じて　楽しみとなす　観自在」（山岡鉄舟）

〇　六中観　　安岡 正篤

死中有活　（死中活有り）
苦中有楽　（苦中楽有り）
忙中有閑　（忙中閑有り）
壺中有天　（壺中天有り）
意中有人　（意中人有り）
腹中有書　（腹中書有り）

人《ひと》と事《こと》を共《ども》にするに、渠《か》れは快《かい》事《じ》を担《にな》い、我《わ》れは苦《く》事《じ》を任《にん》ぜば、事《こと》は苦《く》なりと雖《いえど》も、意《い》は則《すなわ》ち快《かい》なり。我《われ》は快《かい》事《じ》を担《にな》い、渠《か》れは苦《く》事《じ》に任《にん》ぜば、事《こと》は快《かい》なりと雖《いえど》も、意《い》は則《すなわ》ち苦《く》なり。

〔訳文〕

人と仕事を一緒にする時に、彼が楽な仕事の方を担当し、自分が苦しい方の仕事を担当するとすれば、仕事は苦しくても、心の中は気持のよいものである。逆に、自分が楽な方の仕事を担当し、彼が苦しい仕事を担当すれば、仕事は楽でも、心の中は苦しいものである。

苦と楽（その二）

（晩二四三）

長所と短所

（晩二四四）

人《ひと》各《おのおの》長《ちょう》ずる所《ところ》有《あ》り、短《たん》なる所《ところ》有《あ》り。人《ひと》を用《もち》うるには宜《よろ》しく長《ちょう》を取《と》りて短《たん》を舎《す》つべく、自《みずか》ら処《しょ》するには当《まさ》に長《ちょう》を忘《わす》れて以《もっ》て短《たん》を勉《つと》むべし。

〔訳文〕

人にはそれぞれ得意である面と、不得意とする面がある。人を使う時には、その得意とする所を利用し、不得意の所は使わないようにすれば良い。自分自身がやる時には得意とする所を忘れて、不得意とする所を努力して乗りこえるようにするべきである。

日間《にっかん》の瑣事《さじ》は、世俗《せぞく》に背《そむ》かぬも可《か》なり。立身《りっしん》、操守《そうしゅ》は、世俗《せぞく》に背《そむ》くも可《か》なり。

〔訳文〕

日常の小さなことは、世間の風俗に反しないようにしても構わないが、自分が志を立てて、心にそれを守り貫こうとする場合には、世俗に背いてもよろしい。

瑣事は世俗に背かず、大事は背くも可

（晩二四八）

人《ひと》の我《わ》れに就《つ》きて事《こと》を謀《はか》らば、須《すべか》らく妥《だ》貼《ちょう》易《い》簡《かん》にして事《じ》端《たん》を生《しょう》ぜさるを要《よう》すべし。即《すなわ》ち是《こ》れ智《ち》なり。若《も》し穿《せん》鑿《さく》を為《な》すに過《す》ぎて、己《おの》れの才《さい》智《ち》を逞《たくまし》うせば、卻《かえ》って他《た》の禍《か》を惹《ひ》かん。殆《ほとん》ど是《こ》れ不《ふ》智《ち》なり。

（晩二五〇）

〔訳文〕

他人が自分に相談にやってきた時は、穏《おだや》かに簡潔に意見を述べ、争いの種とならないようにするのが、智慧というものである。

もしも、細部をほじくり突き詰めて、自分の才智を振り廻すと、思わぬ禍を引き起しかねない。これは相談に応ずる智慧のないも同然である。

（晩二五〇）

適材適所

人才《じんさい》には、小大《しょうだい》有《あ》り、敏鈍《びんどん》有《あ》り、敏大《びんだい》は固《もと》より用《もち》う可《べ》きなり。但《た》だ日間《にっかん》の瑣事《さじ》は、小鈍《しょうどん》の者《もの》却《かえ》って能《よ》く用《よう》を成《な》す。敏大《びんだい》の如《ごと》きは、則《すなわ》ち常故《じょうこ》を軽蔑《けいべつ》す。是《こ》れ知《し》る、人才《じんざい》各《おのおの》用処《ようしょ》有《あ》り、概棄《がいき》すべきに非《あら》ざるを。

（晩二五一）

〔訳文〕

人の才能には、大きいものと小さいものがあり、敏《さと》い人も居れば鈍《にぶ》い人もいる。敏くて才能が大きな人は、もちろん活用すべきである。しかし、日常の細かなことは、鈍くて小さな才能の者の方がかえって役立つものである。敏くて大きな才能があると、日常の当り前のことは軽蔑して真剣に取り組まないからである。

こうしてみると、人の才能には用いるところがそれぞれにあって、一概に捨て去るべきでないことがわかる。

（晩二五一）

〔参照〕

○「人材を採用するに君子小人の弁酷《べんこく》に過ぐる時は却《かえっ》て害を引き起こすもの也。其の故は開闢《かいびゃく》以来世上一般に十に七八は小人なれば能く小人の情を察し、其の長所を取り之れを小職に用い其の材芸を尽さしむる也。東湖先生申されしは「小人程才芸有りて用便《ようべん》なれば用いざればならぬもの也。去りとて長官に居《す》え重職を授くれば必ず邦家を覆《くつがえ》すものゆえ決して上には立てられぬものぞ」と也」

（「南洲翁遺訓」）

昨《さく》日《じつ》を送《おく》りて今《こん》日《にち》を迎《むか》え、今《こん》日《にち》を送《おく》りて明《みょう》日《にち》を迎《むか》う。人《じん》生《せい》百年《ねん》此《か》くの如《ごと》きに過《す》ぎず。故《ゆえ》に宜《よろ》しく一日《じつ》を慎《つつし》むべし。一日《じつ》を慎《つつし》まずんば、醜《しゅう》を身《しん》後《ご》に遺《のこ》さん。恨《うら》む可《べ》し。羅《ら》山《ざん》先《せん》生《せい》謂《い》う、「暮《ぼ》年《ねん》宜《よろ》しく一日《じつ》の事《こと》を謀《はか》るべし」と。余《よ》謂《い》う、「此《こ》の言《げん》浅《あさ》きに似《に》て浅《あさ》きに非《あら》ず」と。

〔訳文〕

昨日を送って今日を迎え、今日を送って明日を迎える。人生百年生きたとしても、これの繰り返しに過ぎない。だからこそ、一日を慎ましく大事にしなければならない。一日一日を大事に慎まなければ、死んだ後に醜名《しゅうめい》を残すことになり、洵《まこと》に残念至極なことである。林羅山《らざん》先生がおっしゃった。「晩年になったら、その日一日のことだけを考えて生きればよい」と。私は「この言葉は浅薄なように思えるけれども、決して浅薄ではない。非常に深い意味がある」と思う。

〔参照〕

○「一大事とは今日只今の事なり」

（白隠禅師の師・正受老人）

我《われ》より前《まえ》なる者《もの》は、千《せん》古《こ》万《ばん》古《こ》にして、我《われ》より後《のち》なる者《もの》は、千《せん》世《せ》万《ばん》世《せ》なり。仮《たと》令《い》我《わ》れ寿《じゅ》を保《たも》つこと百《ひゃく》年《ねん》なりとも、亦《また》一《ひと》呼《こ》吸《きゅう》の間《あいだ》のみ。今《いま》幸《さいわい》に生《うま》れて人《ひと》たり。庶《こい》幾《ねがわ》くは人《ひと》たるを成《な》して終《おわ》らん。斯《こ》れのみ。本《ほん》願《がん》此《ここ》に在《あ》り。

（晩二八三）

〔訳文〕

自分の生れる前には、千万年の遠い過去があり、自分より後にも、千万世の遙かな未来がある。たとい自分が百歳まで生きたとしても、悠久な宇宙の中では、ほんの一呼吸するくらいの短い時間でしかないのである。

今、幸いに人間としてこの世に生まれてきた以上、人間としての使命を全うして、一生を終りたい。これだけである。自分の一生の念願はここにある。

（晩二八三）

源《みなもと》有《あ》るの活水《かっすい》は、浮萍《ふひょう》も自《おのずか》ら潔《きよ》く、源無《みなもとな》きの濁《だく》沼《しょう》は、蓴《じゅん》菜《さい》も亦《また》汚《けが》る。

〔訳文〕
水源のある湧き水では、浮き草も清らかであるが、これに反して水源のない濁った沼では、そこで育つ蓴菜《じゅんさい》も汚《きたな》らしい。

〔参照〕
○「それ数頃《すうけい》無源の塘水《とうすい》とならんよりは数尺有源の井水《せいすい》生意窮《きわ》まらざるものとならんには若《し》かず」
（王陽明「伝習録」）

悔《かい》の字《じ》は、是《こ》れ善悪《ぜんあく》街頭《がいとう》の文字《もじ》なり。君子《くんし》は悔《く》いて以《もっ》て善《ぜん》に遷《うつ》り、小人《しょうじん》は悔《く》いて以《もっ》て悪《あく》を逐《お》う。故《ゆえ》に宜《よろ》しく立志《りっし》を以《もっ》て之《こ》れを率《ひき》いるべし。復《ま》た因循《いんじゅん》の弊《へい》無《な》からんのみ。

〔訳文〕
悔という字は、善と悪の分岐点となる文字である。立派な人物は悔《く》いて善の方へと進んでゆくが、つまらない人物は悔いてやけになり、かえって悪を追うようになる。だから、是非とも志を立て、この悔の字を従えて、ぐずぐず悪習を続けることから抜け出さねばならない。

（耋二一）

均しくこれ人

(耋二九)

均《ひと》しく是《こ》れ人《ひと》なり。遊《ゆう》惰《だ》なれば則《すなわ》ち弱《じゃく》なり。一旦《たん》困《こん》苦《く》すれば則《すなわ》ち強《きょう》と為《な》る。愜《きょう》意《い》なれば則《すなわ》ち柔《じゅう》なり。一旦《たん》激《げき》発《はっ》すれば則《すなわ》ち剛《ごう》と為《な》る。気《き》質《しつ》の変《へん》化《か》す可《べ》きこと此《か》くの如《ごと》し。

〔訳文〕

誰でも同じく人間である。しかし、遊びなまけていると柔弱になってしまい、一度困苦すると、それに鍛えられて強くなるものである。又、日頃満ち足りた生活を過ごしていると優柔になり、一旦、物事に触れて発憤すると剛強になる。人の気質の変化するのはこのようなものである。

困心衡慮《こんしんこうりょ》は、智慧《ちえ》を発揮《はっき》し、暖飽《だんぽう》安逸《あんいつ》は思慮《しりょ》を埋没《まいぼつ》す。猶《な》お之《こ》れ苦種《くしゅ》は薬《くすり》を成《な》し、甘品《かんぴん》は、毒《どく》を成《な》すがごとし。

〔訳文〕

心を困《くる》しめ思い悩むことがあると、本当の智慧が働くようになり、何も不自由のない安楽な生活をしていると、考え判断する力が埋《うず》もれてしまう。これは苦《にが》いものが薬になり、甘いものが毒になるようなものである。

〔参照〕

○「良薬、口に苦し」　（「孔子家語」）

（耋三一）

得《とく》意《い》の物《ぶつ》件《けん》は懼《おそ》る可《べ》くして、喜《よろこ》ぶ可《べ》からず。失《しつ》意《い》の物《ぶつ》件《けん》は、慎《つつし》む可《べ》くして、驚《おどろ》く可《べ》からず。

〔参照〕
○「名を成すは毎《つね》に窮苦《きゅうく》の日に在《あ》り、事を敗《やぶ》るは多くは、志を得るの時に因《よ》る」
（「酔古堂剣掃」）

〔訳文〕
平常、自分の意に叶った物事と言うのは実は懼《おそ》るべきものであって、決して喜ぶような事ではない。
　これに反して、思うように任《まか》せない失意の時は、慎しまねばならないが、驚くべきものではない。このような時こそ、反省し発憤して自分を鍛錬する良い機会である。

得《とく》意《い》の事《こと》多《おお》く、失《しっ》意《い》の事《こと》少《すくな》ければ、其《そ》の人《ひと》知《ち》慮《りょ》を減《げん》ず。不《ふ》幸《こう》と謂《い》う可《べ》し。得《とく》意《い》の事《こと》少《すくな》く、失《しっ》意《い》の事《こと》多《おお》ければ、其《そ》の人《ひと》、知《ち》慮《りょ》を長《ちょう》ず。幸《さいわい》と謂《い》う可《べ》し。

〔訳文〕

思うようにいくことが多く、失望することが少なければ、その人は真剣に考える機会がなくなり智慧と思慮が減少していくのであって、不幸というべきである。

逆に、思うようにいかない事が多く、失望することが多ければ、その人は考える機会が多くなり、智慧と思慮は増すのであるから、幸いというべきである。

（耋二三）

（耋六一）

善《よ》く身《み》を養《やしな》う者《もの》は、常《つね》に病《やまい》を病無《やまいな》きに治《おさ》め、善《よ》く心《こころ》を養《やしな》う者《もの》は、常《つね》に欲《よく》を欲無《よくな》きに去《さ》る。

〔訳文〕

自分の身体に気を使う者は、常に病気でないときに養生して病気にかからないようにしている。自分の精神修養に心掛けている者は、常に私欲が起きる前にその芽を摘《つ》みとるようにしている。

「悪《あく》を隠《かく》し善《ぜん》を揚《あ》ぐ」。人《ひと》に於《おい》ては此《か》くの如《ごと》くせよ。諸《こ》れを己《おの》れに用《もち》うること勿《なか》れ。「善《ぜん》に遷《うつ》り過《か》を改《あらた》む」。己《おの》れに於《おい》ては此《か》くの如《ごと》くせよ。必《かなら》ずしも諸《こ》れを人《ひと》に責《せ》めざれ。

〔訳文〕

他人の悪い点は取りあげずに、善い点を称《しょう》揚《よう》する。これは、他人に対しては良いが、自分に対して用いてはいけない。悪いことに気が付いたら善に移るようにして過を改める。これは、自分に対してはこのようにするのが良いが、他に対して求め、責めてはいけない。

人には「悪をかくし、善を揚ぐ」　（耋六四）

人《ひと》は須《すべか》らく快楽《かいらく》なるを要《よう》すべし。快楽《かいらく》は心《こころ》に在《あ》りて事《こと》に在《あ》らず。

〔訳文〕

人は心に楽しむことがなくてはいけない。楽しみとは、心の中にあるもので、外にあるものではない。

〔参照〕

○「順境に居《い》ても安んじ、逆境に居ても安んじ、坦蕩々《たんとうとう》として苦しめる処《ところ》なし。これを真楽というなり。萬《よろず》の苦を離れて、この真楽を得るを学問の目あてとす」

（中江藤樹）

○「暗いところばかり見つめている人間は、暗い運命を招きよせることになるし、いつも明るく、明るくと考えている人間はおそらく運命からも愛されて明るく幸せな人生を送ることが出来るだろう」

（新井正明）

寒暑《かんしょ》、栄枯《えいこ》は、天地《てんち》の呼吸《こきゅう》なり。苦楽《くらく》、栄辱《えいじょく》は人生《じんせい》の呼吸《こきゅう》なり。即《すなわ》ち世界《せかい》の活物《かつぶつ》たる所以《ゆえん》なり。

〔訳文〕
暑さ寒さや草木が茂ったり枯れたりすることは、大自然の呼吸である。人に苦しみや楽しみ、名誉や屈辱があるのは、人生の呼吸と言える。これは世界が活物であることの姿である。

（耋八七）

人《ひと》は須《すべか》らく忙裏《ぼうり》に閒《かん》を占《し》め、苦中《くちゅう》に楽《らく》を存《そん》する工夫《くふう》を著《つ》くべし。

（耋一一三）

〔訳文〕

人は忙しい中にも、余裕のある心境をつくり、苦しみの中にも、心に楽しみを見つける工夫をすることが大切である。

〔参照〕

○「静中の静は、真静にあらず。動処《どうしょ》に静にし得来《えきた》って、わずかに是れ性天《せいてん》の真境《しんきょう》なり。楽処《らくしょ》の楽は、真楽にあらず。苦中に楽しみに得来って、わずかに心体の真機《しんき》を見る」（「菜根譚」）

○ 六中観　安岡 正篤

死中有活（死中活有り）
苦中有楽（苦中楽有り）
忙中有閑（忙中閑有り）
壺中有天（壺中天有り）
意中有人（意中人有り）
腹中有書（腹中書有り）

凡《およ》そ人事《じんじ》を区処《くしょ》するには、当《まさ》に先《ま》ず其《そ》の結局《けっきょく》の処《ところ》を慮《おもんぱか》って、而《しか》る後《のち》に手《て》を下《くだ》すべし。楫《かじ》無《な》きの舟《ふね》は行《や》ること勿《なか》れ。的《まと》無《な》きの箭《や》は発《はな》つこと勿《なか》れ。

〔訳文〕

世の中の仕事をする場合には、先ずその事柄の終局の所を予《あらかじ》め考えて、その後に着手することが大切である。舵《かじ》のない船に乗ってはいけないし、的のない矢を射ってはいけない。目標の明確でない事業を始めてはならないのである。

仕事のやり方（その一）

（耋一一四）

寛事《かんじ》を処《しょく》するには捷做《しょうさ》を要《よう》す。然《しか》らずんば稽緩《けいかん》に失《しっ》せん。急事《きゅうじ》を処《しょ》するには徐做《じょさ》を要《よう》す。然《しか》らずんば躁遽《そうきょ》に失《しっ》せん。

〔訳文〕

ゆっくり処理してよいことは、迅速に処理してしまうのがよい。そうでないと、ゆっくりしすぎて仕事が遅れてしまうことになる。急ぎのことは、ゆっくりと行うのがよい。そうでないと、あわてて失敗することになりかねない。

我《わ》れ自《みずか》ら感《かん》じて、而《しか》る後《のち》に人《ひと》之《こ》れに感《かん》ず。

〔訳文〕
先ず自分が感動して、その後に人を感動させることが出来るのである。自分が感動しないで、他人を感動させることなど出来る筈がない。

〔参照〕
○「やって見せ、言って聞かせて、させて見て、ほめてやらねば、人は動かじ」（山本五十六元帥）

（耋一一九）

（耋一二七）

利《り》を人《ひと》に譲《ゆず》りて、害《がい》を己《おの》れに受《う》くるは、是《こ》れ譲《じょう》なり。美《び》を人《ひと》に推《お》して、醜《しゅう》を己《おの》れに取《と》るは、是《こ》れ謙《けん》なり。謙《けん》の反《はん》を驕《きょう》と為《な》し、譲《じょう》の反《はん》を争《そう》と為《な》す。驕《きょう》争《そう》は是《こ》れ身《み》を亡《ほろ》ぼすの始《はじめ》なり。戒《いまし》めざる可《べ》けんや。

〔訳文〕

利益を人に譲り、損害を自分で引き受けるのが、譲である。良いことを人に推《お》し、悪いことを自分が引き受けるのが、謙である。謙の反対を驕《きょう》といい、譲の反対を争という。驕や争は身を亡ぼすもととなるので、充分戒《いまし》めなくてはいけない。

予《よ》は是《こ》れ終《おわり》を始《はじめ》に要《もと》め、謙《けん》は是《こ》れ始《はじめ》を終《おわり》に全《まっと》うす。世《よ》を渉《わた》るの道《みち》、謙《けん》と予《よ》とに若《し》くは無《な》し。

〔訳文〕
あらかじめ準備するには、その結果を最初に考える必要があり、謙遜《けんそん》であれば、最初に考えた通りに終りを全《まっと》うすることができる。世の中で生きてゆくには、この謙と予にまさるものはない。

禍はあなどりに生ず

（耋一三一）

騎《き》は登《と》山《ざん》に踣《たお》れずして、而《しか》も下《げ》阪《はん》に躓《つま》ずき、舟《ふね》は逆《げき》浪《ろう》に覆《くつがえ》らずして、而《しか》も順《じゅん》風《ぷう》に漂《ただよ》う。凡《およ》そ患《かん》は易《い》心《しん》に生《しょう》ず。慎《つつし》まざる可《べ》からず。

〔訳文〕

人が乗っている騎馬は、山登りの登り坂では倒れることはなく、下り坂で躓《つまず》くものである。舟は激しい波にはひっくり返らず、順風の時に漂流してしまうものである。そもそも災は物事をあまく見る時に生じるものである。よくよく慎まなければならない。

〔参照〕

○「成功は常に苦心の日にあり、敗事は多く得意の時に因《よ》る」

（「伝家宝」）

怠惰《たいだ》の冬日《とうじつ》は、何《なん》ぞ其《そ》の長《なが》きや。勉強《べんきょう》の夏日《かじつ》は、何《なん》ぞ其《そ》の短《みじか》きや。長短《ちょうたん》は我《わ》れに在《あ》りて、日《ひ》に在《あ》らず。待《ま》つ有《あ》るの一年《ねん》は、何《なん》ぞ其《そ》の久《ひさ》しきや。待《ま》たざるの一年《ねん》は、何《なん》ぞ其《そ》の速《すみや》かなるや。久速《きゅうそく》は心《こころ》に在《あ》りて、年《とし》に在《あ》らず。

〔訳文〕

怠けて過ごしていると、短い冬の日でも何と長いことであろうか。勉め励んでいると、長い夏の日でも、なんと短いことか。この短い長いは自分の心持ち次第であって日そのものにあるのではない。

また、何かを楽しみに待っている一年は、なんと待ち遠しいものか。何ら待つことのない一年は、なんと速く過ぎていくことか。この久しい速いは、心持ち次第であって年そのものにあるのではない。

日の長短は心にあり

（耋一三九）

（耋一四一）

今日《こんにち》の貧賤《ひんせん》に、素行《そこう》する能《あた》わずんば、乃《すなわ》ち他日《たじつ》の富貴《ふうき》に必《かなら》ず驕泰《きょうたい》せん。今日《こんにち》の富貴《ふうき》に、素行《そこう》する能《あた》わずんば、乃《すなわ》ち他日《たじつ》の患難《かんなん》に必《かなら》ず狼狽《ろうばい》せん。

〔訳文〕

現在の自分が貧賤の境遇にあり、その貧賤を自覚し安んじて道を行ってゆくことが出来なければ、他日富貴を得た時、必ず傲《おご》りたかぶるであろう。

今日の富貴の状態にあって、それを自覚し安んじて道を行ってゆくことが出来ないならば、他日心配事や困難なことに出逢った場合に、必ずあわてて処置出来ないであろう。

病《やまい》を病《やまい》無《な》き時《とき》に慎《つつし》めば則《すなわ》ち病《やまい》無《な》し。患《うれい》を患《うれい》無《な》き日《ひ》に慮《おもんぱか》れば則《すなわ》ち患《うれい》無《な》し。是《こ》れを之《こ》れ予《よ》と謂《い》う。事《こと》に先《さき》だつの予《よ》は、即《すなわ》ち予《よ》楽《らく》の予《よ》にて、一なり。

〔訳文〕

病気にならないように、病気にならない前から用心すれば、病気にはかからない。心配事を心配事のない時によく考えておけば、悩むことは起こらない。このように前もって準備することを「予」というのである。だから事に先立って用意する予は、楽しむ意味の予楽と、結局は同じ意味である。

予の意味

（耋一四八）

（耋一五二）

愆《とが》を免《まぬが》るるの道《みち》は、謙《けん》と譲《じょう》とに在《あ》り。福《ふく》を干《もと》むるの道《みち》は、恵《え》と施《せ》とに在《あ》り。

〔訳文〕

過失をまぬがれる方法は、へりくだることの謙と、人にゆずることの譲とにある。幸せを求める方法は、人を慈しむことと、人に施すことにある。

必《かなら》ずしも福《ふく》を干《もと》めず。禍《か》無《な》きを以《もっ》て福《ふく》と為《な》す。

必《かなら》ずしも栄《えい》を希《ねが》わず。辱《じょく》無《な》きを以《もっ》て栄《えい》と為《な》す。

必《かなら》ずしも寿《じゅ》を祈《いの》らず。夭《よう》せざるを以《もっ》て寿《じゅ》と為《な》す。

必《かなら》ずしも富《とみ》を求《もと》めず。餒《う》えざるを以《もっ》て富《とみ》と為《な》す。

〔訳文〕

必ずしも幸福を求める必要はない。禍いがないことを幸福と思えば良い。必ずしも栄誉を希《ねが》わなくても良い。恥をかかなければ、栄誉なのである。必ずしも長寿を祈らなくても良い。若死《わかじ》にしなければ、長寿と言えるのである。必ずしも金持ちにならなくても良い。飢えることがなければ、富んでいるのと同じである。

罪《つみ》無《な》くして愆《とが》を得《う》る者《もの》は、非《ひ》常《じょう》の人《ひと》なり。身《み》は一時《じ》に屈《くつ》して、名《な》は後《こう》世《せい》に伸《の》ぶ。罪《つみ》有《あ》りて愆《とが》を免《まぬが》るる者《もの》は、奸《かん》佞《ねい》の人《ひと》なり。志《こころざし》を一時《じ》に得《え》て、名《な》は後《こう》世《せい》に辱《はずかし》められる。古《いにしえ》に謂《い》う。「天《てん》定《さだ》まりて人《ひと》に勝《か》つ」と。是《こ》れなり。

〔訳文〕

罪がないのに罰せられる者は、大人物である。このような人は一時敗れた形になるが、真実は必ず明らかになって、その名は後世まで褒《ほ》め称《たた》えられるようになる。

実際罪を犯しているのに罰せられない人は、よこしまで悪賢い人である。このような人は、一時うまくいっても、後の世に真実が明らかになって批判されるものである。昔の言葉に「天理が明らかになっては、人力の及ぶ所ではない」とは、このことを言うのである。

少《しょう》壮《そう》の書《しょ》生《せい》と語《かた》る時《とき》、荐《しきり》に警《けい》戒《かい》を加《くわ》うれば則《すなわ》ち聴《き》く者《もの》厭《いと》う。但《た》だ平《へい》常《じょう》の話《わ》中《ちゅう》に就《つ》きて、偶《たまたま》警《けい》戒《かい》を寓《ぐう》すれば、則《すなわ》ち彼《か》れに於《おい》て益《えき》有《あ》り。我《わ》れも亦《また》煩《はん》瀆《とく》に至《いた》らじ。

〔訳文〕

若い学生と話をする時、しきりに注意や訓戒を入れると、聞く者は嫌がるものである。ただ、普段の会話の中に話題にかこつけて戒めの言葉を入れるようにすれば、聞く者にとっても聞きやすく有益であり、自分もまた手数がかかってわずらわしいことにはならない。

（耋一五九）

（耋一七二）

旧《きゅう》恩《おん》の人《ひと》は、疏《そ》遠《えん》す可《べ》からず。新《しん》知《ち》の人《ひと》は、過《か》狎《こう》す可《べ》からず。

〔訳文〕

自分が現在どんな地位立場にいようと、前に恩を受けた人をうとんじ遠ざけてはならない。また、新しく知りあった人とは、あまりなれなれしくしてはならない。

〔参照〕

○　感　事　　于濆《うふん》（晩唐の詩人）

花開けば蝶枝に満つ
花謝《しゃ》すれば蝶還《またまれ》稀なり
惟《ただ》旧巣の燕あり
主人貧しくも亦帰る

執《しつ》拗《よう》は凝《ぎょう》定《てい》に似《に》たり。軽《けい》遽《きょ》は敏《びん》捷《しょう》に似《に》たり。多《た》言《げん》は博《はく》識《しき》に似《に》たり。浮《ふ》薄《はく》は才《さい》慧《けい》に似《に》たり。人《ひと》の似《に》たる者《もの》を視《み》て、以《もっ》て己《おの》れを反《はん》省《せい》すれば、可《か》なり。

〔訳文〕

片意地でしつこいのは、信念が堅固である人に似ている。軽はずみなのは、すばしこい人に似ている。口数が多いのは、物知りに似ている。浮《うわ》ついて軽々しいのは、才智がすぐれているのに似ている。このように、一見似ているようで真の内容が違う人を見て自分を反省することが大切で、それを判断できる見識を養うようにしなければならない。

（耋一七八）

（耋一八三）

人《ひと》各《おのおの》長《ちょう》ずる所《ところ》有《あ》りて、恰《かっ》好《こう》の職《しょく》掌《しょう》有《あ》り、苟《いやし》くも其《そ》の才《さい》に当《あた》らば、則《すなわ》ち棄《す》つ可《べ》き人《ひと》無《な》し。「牛《ぎゅう》溲《しゅう》、馬《ば》勃《ぼつ》、敗《はい》鼓《こ》の皮《かわ》」、最《もっと》も妙《みょう》諭《ゆ》なり。

〔訳文〕

人にはそれぞれに長所があって、それにふさわしい仕事があるものである。それをわきまえて、その人の才能に合う仕事につけるようにしたならば、棄《す》ててしまってよい人などはない。「牛の小便、馬の糞、破れ太鼓の皮」などの廃棄物でも、名医にかかれば立派な薬になるというのは、実に巧妙で有為な喩《たと》えである。

〔参照〕

○「鋭きも　鈍《にぶ》きもともに　捨てがたし
錐《きり》と鎚《つち》とに　使い分けなば」
（広瀬淡窓）

徳《とく》有《あ》る者《もの》寡《か》言《げん》なり。寡《か》言《げん》の者《もの》未《いま》だ必《かなら》ずしも徳《とく》有《ち》らず。才《さい》有《あ》る者《もの》多《た》言《げん》なり。多《た》言《げん》の者《もの》未《いま》だ必《かなら》ずしも才《さい》有《あ》らず。

〔参照〕

○「徳ある者は必ず言あり。言ある者は必ずしも徳あらず。仁者は必ず勇あり。勇者必ずしも仁有らず」（「論語」）

〔訳文〕

徳が備わっている人は、無駄な口はきかない。しかし口数の少ない者が必ずしも徳があるとは言えない。才ある人は多弁な人が多いが、口数が多い人が必ずしも才があるとはいえない。

有徳者は口数が少ない

（耋一九七）

（耋二〇五）

名《な》の干《もと》めずして来《きた》る者《もの》は、実《じつ》なり。利《り》の貪《むさぼ》らずして至《いた》る者《もの》は、義《ぎ》なり。名利《めいり》は厭《いと》う可《べ》きに非《あら》ず。但《た》だ干《もと》むると貪《むさぼ》るとを之《こ》れ病《やまい》と為《な》すのみ。

〔訳文〕

自ら求めたのでないのに与えられた名誉とは、実績が評価された結果である。欲張って得られた利益でないのは、正しい行いの結果である。このような名誉や利益は、強いて嫌がるべきものではない。ただ自分から名誉を求めたり、無理に利益をむさぼるのが良くないのである。

名《な》有《あ》る者《もの》は、其《そ》の名《な》に誇《ほこ》ること勿《なか》れ。宜《よろ》しく自《みずか》ら名《な》に副《そ》う所以《ゆえん》を勗《つと》むべし。毀《そしり》を承《う》くる者《もの》は其《そ》の毀《そしり》を避《さ》くる勿《なか》れ。宜《よろ》しく自《みずか》ら毀《そしり》を来《きた》す所以《ゆえん》を求《もと》むべし。是《か》くの如《ごと》く功《こう》を著《つ》けなば、毀誉《きよ》並《ならび》に我《わ》れに於《おい》て益《えき》有《あ》り。

〔訳文〕
名誉を得た人は、その名誉を自慢してはならない。自分の日常の行《おこな》いをその名誉にふさわしいものであるように努めていけば良い。また世間から悪くいわれる人は、その非難から逃げてはならない。どうしてそしられるようになったか、その原因を自ら考え求めてその実があったら改めていけば良い。このように自分自身に工夫を積むならば、名誉も不名誉もともに自分にとって利益になるものである。

名誉も不名誉も自己修養の資となる

（耋二一一）

（耋二一六）

毀誉得喪《きよとくそう》は、真《しん》に是《こ》れ人生《じんせい》の雲霧《うんむ》なり。人《ひと》をして昏迷《こんめい》せしむ。此《こ》の雲霧《うんむ》を一掃《そう》すれば、則《すなわ》ち天《てん》青《あお》く日《ひ》白《しろ》し。

〔訳文〕

非難・名誉・成功・失敗はまさに人生にかかった雲や霧のようなものであり、これらが人の心を暗くし迷わせるのである。だからこの雲や霧を一掃すれば、よく晴れ渡った日のように人生は明るいものになる。毀誉得喪にとらわれない自己を確立することが大切である。

〔参照〕

○「雲よりも　高きところに　出でて見よ
　なにとて月を　隔《へだ》てやはする」

（夢窓禅師）

世《よ》には、未《いま》だ見《み》ざるの心《しん》友《ゆう》有《あ》り。日《ひ》に見《み》るの疎《そ》交《こう》有《あ》り。物《もの》の睽《けい》合《ごう》は、感《かん》応《おう》の厚《こう》薄《はく》に帰《き》す。

〔訳文〕

世間には、一回も会ったことがなくても、心の通いあう親友が必ずいるものであるし、毎日会っていても、形だけの交際に過ぎない人もいる。人が本当に交際するのは、心と心との感応が厚いか薄いかによるものである。

未見の心友、日見の疎交

（耋二一七）

（耋二六五）

凡《およ》そ仕《し》途《と》に在《あ》る者《もの》は、多《おお》く競《きょう》躁《そう》の念《ねん》有《あ》り。蓋《けだ》し此《こ》の念《ねん》有《あ》る時《とき》は、必《かなら》ず晉《すす》む能《あた》わじ。此《こ》の念《ねん》を忘《わす》るるに至《いた》れば、則《すなわ》ち忽《こつ》然《ぜん》として一転《てん》す。事《じ》物《ぶつ》の理《り》皆《みな》然《しか》り。

〔訳文〕
およそ組織体の中で働いている者の多くは、競いあせる、人よりも早く出世したいという心がある。この心がある時は、かえって出世も昇進もない。この他と競いあせる心を忘れて、職務に専念して立派な仕事をするように心掛けると、一転して昇進の機会が来るようになるものである。物事の道理はすべてこのようなものである。

教《おし》えて之《こ》れを化《か》するは、化《か》及《およ》び難《がた》きなり。化《か》して之《こ》れを教《おし》うるは、教《おしえ》入《い》り易《やす》きなり。

〔訳文〕

先ず教えてから感化しようとしても、感化するのはなかなか難しい。しかし、最初に情的に感化してから教えるようにすると、容易に教え込むことができるものである。

（耋二七七）

色《いろ》の清《きよ》き者《もの》は観《み》る可《べ》し。声《こえ》の清《きよ》き者《もの》は聴《き》く可《べ》し。
水《みず》の清《きよ》き者《もの》は嗽《すす》ぐ可《べ》し。風《かぜ》の清《きよ》き者《もの》は当《あた》る可《べ》し。
味《あじ》の清《きよ》き者《もの》は嗜《たしな》む可《べ》し。臭《か》の清《きよ》き者《もの》は嗅《か》ぐ可《べ》し。
凡《およ》そ清《きよ》き者《もの》は皆《みな》以《もっ》て吾《わ》が心《こころ》を洗《あら》うに足《た》る。

（耋二八二）

〔訳文〕

色の清いものは観るのによく、声の清いものは聴くのによく、水の清いものは口を嗽《すす》ぐのによく、風の清いものは吹かれるのによく、味の清いものは嗜《たしな》むのによく、香りの清いものは嗅《か》ぐのによい。すべて清いものは心の汚《けが》れを洗い清めるものである。

身《み》には老《ろう》少《しょう》有《あ》れども、而《しか》も心《こころ》には老《ろう》少《しょう》無《な》し。気《き》には老《ろう》少《しょう》有《あ》れども、而《しか》も理《り》には老《ろう》少《しょう》無《な》し。須《すべか》らく能《よ》く老《ろう》少《しょう》無《な》きの心《こころ》を執《と》りて、以《もっ》て老《ろう》少《しょう》無《な》きの理《り》を体《たい》すべし。

〔訳文〕

人間の体には、年寄りと若い者の区別はあっても、心には老少の区別はない。身体の働きには老少があっても、道理には老少はない。だから、年寄りとか、若者だということに捉《とら》われない心をもって、万古に変らない、老少のない道理を体得すべきである。

道理に老少なし

（耋二八三）

老人《ろうじん》は気急《ききゅう》にして、事《こと》、速成《そくせい》を好《この》み、自重《じちょう》する能《あた》わず、含畜《がんちく》する能《あた》わず。又妄《みだり》に人言《じんげん》を信《しん》じて、其《そ》の虚実《きょじつ》を察《さっ》する能《あた》わず。警《いまし》めざる可《べ》けんや。

〔訳文〕
老人は気ぜわしく、何事でも早く片付けることが好きで、慎重に取扱うことが出来ず、腹の中に止め貯えておくことが出来ない。また簡単に人の言葉を信じて、それが本当かどうかを見究めることが出来ない。老人は、これらの傾向があることを弁《わきま》えて、自分で注意して戒めなければならない。

老人《ろうじん》の事《こと》を処《しょ》するは、酷《こく》に失《うしな》わずして、慈《じ》に失《うしな》い、寛《かん》に失《うしな》わずして、急《きゅう》に失《うしな》う。警《いまし》む可《べ》し。

〔訳文〕

老人が物事を処理する場合、残酷な面で失敗することはないが、仁慈の面で失敗し、寛大で失敗することはないが、急《せ》いて失敗することがある。気を付けねばならない。

人生《じんせい》は二十より三十に至《いた》る、方《まさ》に出《い》ずる日《ひ》の如《ごと》し。四十より六十に至《いた》る、日中《にっちゅう》の日《ひ》の如《ごと》く、盛《せい》徳《とく》大《たい》業《ぎょう》、此《こ》の時候《じこう》に在《あ》り。七十八十は、則《すなわ》ち衰《すい》頽《たい》蹉《さ》跎《だ》して、将《まさ》に落《お》ちんとする日《ひ》の如《ごと》く、能《よ》く為《な》す無《な》きのみ。少壮者《しょうそうしゃ》は宜《よろ》しく時《とき》に及《およ》びて勉強《べんきょう》し以《もっ》て大業《たいぎょう》を成《な》すべし。遅暮《ちぼ》の嘆《たん》或《あ》ること罔《な》くば可《か》なり。

（耋三二八）

〔訳文〕

人間は一生のうち、二十歳から三十歳までは、まさに日の出の太陽のようである。四十歳から六十歳までは、日中の太陽のようであって、立派な徳と大きな事業を成し遂げるのはこの時期である。七十歳、八十歳になると、体は衰え、仕事ははかどらず、まさに沈もうとする太陽のようで、何事もすることが出来ない。こういうわけだから、若い人たちは、出来る時にしっかり勉強して、立派な事業を成し遂げるようにしたらいいだろう。晩年になって嘆《なげ》くことがなければ、結構な人生と言える。

〔参照〕

○　勧学　陶潜

盛年《せいねん》重ねて来たらず
一日再び晨《あした》なり難《がた》し
時に及びて当《まさ》に勉励《べんれい》すべし
歳月は人を待たず

偶成　朱熹

少年老い易く学成り難し
一寸の光陰《こういん》軽《かろ》んず可《べ》からず
未《いま》だ覚《さ》めず池塘《ちとう》春草《しゅんそう》の夢
階前《かいぜん》の梧葉《ごよう》已《すで》に秋声

(耋三二八)

誠《せい》意《い》は是《こ》れ終《しゅう》身《しん》の工《く》夫《ふう》なり。一息《そく》尚《な》お存《そん》すれば一息《そく》の意《い》有《あ》り。臨《りん》歿《ばつ》には只《た》だ澹《たん》然《ぜん》として累《るい》無《な》きを要《よう》す。即《すなわ》ち是《こ》れ臨《りん》歿《ぼつ》の誠《せい》意《い》なり。

（耋三三九）

〔訳文〕

心を誠にするということは、一生涯を通じての工夫・努力である。一息でもある間は、一息の間の心があるのだから、一息なりの工夫・努力が必要である。一生の終りの臨終には、たださっぱりと心に何等の煩《わずら》いがないことが肝要で、これが臨終の誠意ということである。

吾《わ》が躯《み》は、父《ふ》母《ぼ》全《まっと》うして之《こ》れを生《う》む。当《まさ》に全《まっと》うして之《これ》を帰《き》すべし。臨《りん》歿《ぼつ》の時《とき》は、他《た》念《ねん》有《あ》ること莫《なか》れ。唯《た》だ君《くん》父《ぷ》の大《だい》恩《おん》を謝《しゃ》して瞑《めい》せんのみ。是《こ》れ之《こ》れを終《おわり》を全《まっと》うすと謂《い》う。

（耋三四〇）

〔訳文〕

自分の身体は、父母が完全な形で生んでくれたものである。だから当然なこととして、完全な形でこれをお返ししなければならない。臨終の時は、外のことを考えないで、ひたすら、社会や父母の大恩に感謝して目を閉じるだけである。これを終わりを全《まっと》うするというのである。

〔参照〕

○「身体髪膚《はっぷ》之れを父母に受く、敢《あ》えて毀傷《きしょう》せざるは孝の始めなり。身を立て道を行い、名を後世に揚《あ》げて、以て父母を顕《あらわ》すは孝の終りなり」

（「孝経」）

○父母に　呼ばれて仮の　客に来て
心残さず　帰る故里《ふるさと》

（「禅林世語集」）

平成十八年一月三日

勝川華舟謹書

重職心得箇条

「重職心得箇条」は、佐藤一齋先生（五十五歳の時）が、美濃岩村藩五代目の藩主となった松平乗美侯（三十三歳）により老臣として迎えられ、その時に重職のために書かれたもので、十七条からなっている。

〔第一条〕（重職の意義）

重職《じゅうしょく》と申すは、家国の大事を取計《とりはからう》べき職にして、此《この》重の字を取失《うしな》い、軽々しきはあしく候。大事に油断ありては、其《その》職を得ずと申すべく候。先《ま》ず挙動言語より厚重《こうじゅう》にいたし、威厳を養うべし。重職は君に代《かわ》るべき大臣なれば、大臣重うして百事挙《あが》るべく、物を鎮定《ちんてい》する所ありて、人心をしずむべし。斯《かく》の如くにして重職の名に叶《かな》うべし。又《また》小事に区々《くく》たれば、大事に手抜《てぬか》りあるもの、瑣末《さまつ》を省く時は、自然と大事抜目《ぬけめ》あるべからず。斯《かく》の如《ごと》くして大臣の名に叶《かな》ふべし。

凡《およ》そ政事《まつりごと》は名を正すより始まる。今、先ず重職大臣の名を正すを本始《ほんし》となすのみ。

〔口語訳〕

重役とは、国家の重大事を処理する役職であり、この「重」の一字を失って軽々しくなることはよくない。大事に当って油断があるようでは、この役職は務《つと》まらない。まずは行《おこな》いや言葉づかいを重厚にして、威厳を養うことです。重役は、主君に代わって仕事をする大臣であるので、大臣に重みがあってはじめて万事が順調に成果をあげ、人々の心を落ち着かせることが出来るのである。それでこそ重役の名に値するのである。また、小さな事に気を取られ過ぎていては、重要な事の処理に支障が出てくる。些細なことを省略すれば、自然とミスがなくなるものである。

このようにして初めて大臣の名に相応《ふさわ》しくなるのである。およそ、政事《まつりごと》というものは、名を正すことから始まるのである。従って、今はまず重役・大臣の名を正すことから始めることが、政事《まつりごと》の一番の基本であり、始めでもある。

〔第二条〕（大臣の心得）

大臣の心得は、先《ま》ず諸有司《ゆうし》の了簡《りょうけん》を尽《つく》さしめて、是《これ》を公平に裁決する所其《その》職なるべし。もし有司の了簡《りょうけん》より一層能《よ》き了簡《りょうけん》有りとも、さして害なき事は、有司の議を用《もち》いるにしかず。有司を引《ひ》き立て、気乗り能《よ》き様《よう》に駆使する事、要務にて候。又些少《さしょう》の過失に目つきて、人を容《い》れ用る事ならねば、取るべき人は一人も無之様《これなきよう》になるべし。功を以て過を補《おぎな》わしむる事可也《かなり》。

又賢才と云う程のものは無くても、其《その》藩だけの相応のものは有るべし。人々に択《え》り嫌《きらい》なく、愛憎の私心を去て用ゆべし。自分流儀のものを取計《とりはか》るのは、水へ水をさす類《たぐい》にて、塩梅《あんばい》を調和するに非ず。平生嫌いな人を能《よ》く用ると云う事こそ手際なり。此《この》工夫あるべし。

〔口語訳〕

大臣の心得るべきことは、まず部下の役人たちに意見を十分発表させた上、その結果を公平に裁決することがその職分である。たとえ役人たちの意見よりも自分にもっと良い考えがあったとしても、さして害がないなら、役人の意見を採用するほうがよい。役人たちの意見を尊重して、やる気を起こさせて積極的に働かせることこそが重要な仕事である。また、小さな過失にこだわり、人を用いることが出来ないならば、部下として使える人は誰一人《ひとり》としていなくなってしまうことになる。功績で過失を償わせることも可能であるので、大いに部下を信用してまかすことである。

また、とりたてて賢いというほどでなくても、その藩内には、それ相応の人材はいるものである。択《え》り好《この》みをせずに、愛憎の私心を去って人を用いるべきである。自分と意見のあう者だけを用いることは、水に水を差すようなもので、調和した健全な組織にならない。平生、自分の好みでない人を良く用いることこそが、人使いの要諦であり、重役たる者は、この工夫が必要である。

〔第三条〕（先格古例の注意）

家々に祖先の法あり、取失《とりうしな》うべからず。又仕来《しきたり》仕癖《しぐせ》の習《ならい》あり、是《これ》は時に従て変易《へんえき》あるべし。兎角《とかく》目の付《つ》け方間違うて、家法を古式と心得て除《の》け置き、仕来《しきたり》仕癖《しぐせ》を家法家格などと心得て守株《しゅしゅ》せり。時世時世に連《つ》れて動かすべきを動かさざれば、大勢立《た》たぬものなり。

〔口語訳〕

それぞれの家々には、祖先から引き継いできている伝統的な基本精神（祖法）がある。これは失ってはならない。また、仕来《しきた》り・仕癖《しくせ》という習慣もあるが、こちらは時に応じて改めるべきである。そうであるにもかかわらず、目の付け所を間違えて、組先の法は古臭いと考えて無視したり、仕来《しきた》り・仕癖《しくせ》を家法と取り違えて固執している場合が多い。時代や世の中の変化に応じて改めるべきものを改めなければ、時代の流れに乗り遅れて支障をきたすことになってしまう。

〔第四条〕（「きまり」にこだわらない）

先格古例に二つあり、家法の例格あり、仕癖の例格あり、先《ま》ず、今此事《このこと》を処するに、斯様斯様《かようかよう》あるべしと自案を付け、時宜《じぎ》を考えて然《しか》る後例格を検し、今日に引合《ひきあわ》すべし。

仕癖の例格にても、其《その》通りにて能《よ》き事は其通りにし、時宜に叶わざはざる事は拘泥《こうでい》すべからず。自案と云うもの無しに、先ず例格より入るは、当今役人の通病《つうへい》なり。

〔口語訳〕

昔からの習わしやきまりには二種類ある。一つは家法の格式（きまり）であり、もう一つは慣習（因襲）の格式（きまり）である。事を処理するに当たっては、こうあるべきだという自案を作成し、時と場合を考えた上で、先例や格式等を調べて、どうするかを判断しなければならない。単なる慣習からくる習わしや格式（きまり）であっても、そのままでいいものは残し、時代に合わなくなったものは、こだわりなく改めなければならない。ところが、自分の考えや理想もなく、先例（規則）や古い習わしを調べることから始めようとする。これは近頃の役人に共通する病気である。

〔第五条〕（応機）

応機と云う事あり肝要也《なり》。物事何によらず後の機は前に見ゆるもの也。其《その》機の動き方を察して、是《これ》に従うべし。物に拘《こだわ》りたる時は、後に及《およん》でとんと行き支《つか》えて難渋《なんじゅう》あるものなり。

〔口語訳〕

機に応ず（チャンスをつかむ）ということは、非常に大切なことである。何事によらず、後《あと》から起こること（チャンス）は、事前に察知できるものである。その機の動ぎ（チャンス）を察知して、それを生かすべきだ。物にこだわっていては、せっかくのチャンスを逃がして、後で行き詰まって困ることになるものだ。

〔第六条〕（「公平」と中庸）

公平を失うては、善《よ》き事も行われず。凡《およ》そ物事の内に入《いり》ては、大体の中すみ見えず。姑《しばら》く引除《ひきのけ》て、活眼《かつがん》にて惣体《そうたい》の対面を視《み》て中を取るべし。

〔口語訳〕

公平さを欠いていては、たとえどんなに善《よ》いことでも実現しないだろう。大体、物事の渦中に入ってしまっていては、どこが中心でどこが隅《すみ》なのか分からなくなってしまう。ひとまず渦中から抜け出して、活眼を働かせて大所・高所から大局的に全体を把握して物事の中（偏りのない所）をとるべきである。

〔第七条〕（重職の度量）

衆人の圧服《あつぷく》する所を心掛《こころがく》べし。無理押付《むりおしつけ》の事あるべからず。苛察《かさつ》を威厳と認め、又好む所に私するは皆少量の病《へい》なり。

〔第八条〕（重職の余裕）

重職たるもの、勤向繁多《つとめむきはんた》と云う口上は恥《はず》べき事なり。仮令《たとい》世話敷《せわしく》とも、世話敷《せわしく》と云わぬが能《よ》きなり。随分《ずいぶん》手のすき、心に有余《ゆうよ》あるに非《あらざ》れば、大事に心付《づ》かぬもの也。重職小事を自らし、諸役《しよやく》に任使《にんし》する事能《あた》わざる故に、諸役自然ともたれる所ありて、重職多事になる勢あり。

〔口語訳〕

多くの人が快く従うように心がけて、決して無理強いや押しつけをしてはならない。厳しく人の落度《おちど》を追求することが威厳と考えたり、個人的な好みを推し通すことは、度量の小さい人物がすることである。

〔口語訳〕

重役の地位にある者が、仕事が忙しい、忙しいという言葉を口に出すことは恥ずべきことである。たとえ本当に忙しくても「忙しい」と言ってはならない。十分な暇と、心に余裕（ゆとり）がなければ、小さな事に心を奪われて、大問題を見過ごすことになる。重役が部下に任さずに、小さな事まで自分でやってしまえば、部下は自然と仕事をしなくなり、重役はますます多忙となってしまうのである（部下をよく任用することこそが重役の仕事である）。

〔第九条〕（刑賞与奪の権）

刑賞与奪の権は、人主《じんしゅ》のものにして、大臣是《これ》を預るべきなり。倒《さかさま》に有司《ゆうし》に授くべからず。斯《かく》の如き大事に至りては、厳敷《きびしく》透間《すきま》あるべからず。

〔口語訳〕

刑罰を科したり、恩賞を授ける権限は、重役が握っておくものである。この権利を役人に委ねてしまってはならない。このような重大な職務は、厳格にして抜かりのないように、重役自《みずか》らが執り行わなければならない。

〔第十条〕（政事の施行）

政事は大小軽重の弁《わきまえ》を失うべからず、緩急先後《かんきゅうせんご》の序を誤るべからず。徐緩《じょかん》にても失し、火急《かきゅう》にても過《あやま》つ也。着眼を高くし、惣体を見廻し、両三年四五年乃至《ないし》十年の内《うち》何々と、意中に成算を立て、手順を逐《おい》て施行すべし。

〔口語訳〕

政事においては大小軽重の区別を誤ってはならない。また緩急先後の順序も誤ってはならない。ゆっくりのんびりで時機を失することもあり、急ぎ過ぎて過《あやま》ちを招くこともある。眼を高くして目先にとらわれずに、全体をよく見廻して、これは両三年、あれは四年、五年内に、十年の内にと計画を立てて、一歩一歩手順を追うて計画的に実施すべきである。

〔第十一条〕（胸中の寛広）

胸中を豁大寛広《かつだいかんこう》にすべし。僅少《きんしょう》の事を大造《たいそう》に心得て、狭迫《きょうはく》なる振舞《ふるまい》あるべからず。仮令《たとい》才ありても其《その》用を果《はた》さず。人を容《い》るる気象と物を蓄《たくわ》うる器量こそ、誠《まこと》に大臣の体《てい》と云うべし。

〔口語訳〕
重役たる者は、心を広く大きく持って、寛大でなければならない。些細な事を一大事のように考えて、こせこせとした行動をしてはならない。たとえ優れた能力を有していたとしても、それは役立たない。人を受け容《い》れる気質といろいろな物を包容できる度量の大きさを備えていてこそ、大臣といえるのである。

〔第十二条〕（大臣の度量）

大臣たるもの胸中に定見ありて、見込みたる事を貫き通すべきは元より也。然《しか》れども又虚懐《きょかい》公平にして人言《じんげん》を採《と》り、沛然《はいぜん》と一時に転化すべき事もあり。此《この》虚懐転化なきは我《が》意の弊《へい》を免れがたし。能々《よくよく》視察あるべし。

〔口語訳〕
大臣たる者は、胸中に確固たる信念を持ち、一度決めた事は、貫徹することは当然である。しかし、場合によっては、虚心坦懐に公平に人の意見を受け入れて、さっと決定したことを変更しなければならないこともある。この虚心坦懐に柔軟に対応が出来なければ、我意が強いので弊害を免れることが出来ない。よく自分を内省してみることだ。

〔第十三条〕（抑揚の勢）

政事に抑揚の勢《いきおい》を取る事あり。有司上下に釣合《つりあい》を持事《もっこと》あり。熊々《よくよく》弁《わきま》うべし。此所《この》に手を入れて、信を以《もっ》て貫き義を以《もっ》て裁《さい》する時は、成し難《がた》き事はなかるべし。

〔第十四条〕（実政）

政事と云えば、拵《こしら》え事繕《つくろ》い事をする様《よう》にのみなるなり。何事も自然の顕《あらわ》れたる儘《まま》にて参《まい》るを実政と云うべし。役人の仕組事《しくみごと》皆虚政《きよせい》也。老臣など此風《このふう》を始《はじ》むべからず。大抵《たいてい》常事は成《なる》べき丈《だけ》は簡易にすべし。手数を省く事肝要《かんよう》なり。

〔口語訳〕

政事には、抑揚の勢いといって、抑えた揚げたりして調子をとることが必要である。また、役人上下の間に釣合いを保つことも必要である。重役たる者は、この点を十分考慮して、信をもって貫き、義をもって裁定していけば、政事が出来ないということはないだろう。

〔口語訳〕

政事というと、ややもすると作り事や繕い事ばかりになるものである。何事も作り事繕い事もせずに、自然に現れたままに治まるのが真の政治である。役人の作り事は、皆実質を伴わない内容のない政治である。殊《こと》に老臣などは（役人の模範であるから）、先頭に立ってこの悪風を始めてはならない。通常起こる大概の仕事は、出来るだけ簡易になるようにして、手数を省くことが急務である。

〔第十五条〕（風儀）

風儀《ふうぎ》は上より起るもの也。人を猜疑《さいぎ》し蔭事《かげごと》を発《あば》き、たとえば誰は表向《おもてむき》斯様《かよう》に申せ共《ども》、内心は斯様なりなどと、掘出《ほりだ》す習《ならわし》は甚《はなはだ》あしし。上《かみ》に此風《このふう》あれば、下《しも》必《かなら》ず其習《そのならい》となりて、人心に癖《くせ》を持つ。何分《なにぶん》上下とも表裏両般《りょうはん》の心ありて治めにくし。此六《このむつ》かしみを去り、其事《そのこと》の顕《あらわ》れたるままに公平の計《はから》いにし、其風《そのふう》へ挽回《ばんかい》したきもの也。

〔口語訳〕

世の中の風潮（ならわし、習俗）は、上から下へと伝わってくるものである。頭から人を疑ってかかり、隠し事まで発《あば》きたてることになると、例えば、「誰それには表向きはこのように言ったけれど、本心はこうなのだよ」とほじくり出す悪い習慣が出来ることになり、下々の者はこれを必ず見習うことになる。

重役がこのようであれば、下々の者迄もが表裏の使い分けを必ず見習うことになり、国を治めることが困難になってくる。従って、このようなことにならないように、隠し事のない公正で公平な政事にして、良い風潮を取り戻したいものである。

〔第十六条〕（機事）

物事《ものごと》を隠す風儀《ふうぎ》甚《はなはだ》あしし。機事《きじ》は密なるべけれども、打出《うちだ》して能《よ》き事迄も、韜《つつ》み隠《かく》す時は、却《かえっ》て衆人に探る心を持たせる様《よう》になるもの也。

〔口語訳〕

物事を何でも隠そうとする風潮はよくない。重大な問題は秘密にしなければならないこともあるが、公開しても差し支えのないような事までも隠すことは、かえって人々に疑いを抱かせることになってしまう。

〔第十七条〕（人君初政）

人君の初政は、年に春のある如きものなり。先《ま》ず人心を一新して、発揚歓欣《はつようかんきん》の所を持たしむべし。刑賞に至《いたっ》ても明白なるべし。財帑窮迫《ざいどきゅうはく》の処より、徒《いたずら》に剥落厳沍《はくらくげんご》の令のみにては、始終行立《しじゅうゆきたた》ぬ事となるべし。此《この》手心にて取扱《とりあつかい》あり度《たき》ものなり。

〔口語訳〕

人君（藩主）が初めて政治を始めるということは、一年に春の訪れがあるようなものである。従って、先《ま》ず人心を一新して、浮き浮きとした元気な気持ちを持たせなければならない。そのためには信賞必罰で、刑賞の基準を明確にさせることである。また財政が逼迫《ひっぱく》しているからといって、むやみに寒々とした命令ばかりでは、結局のところ国はうまくいかなくなってしまうであろう。ここのところをよく心得て、加減して政治を行っていただきたいものである。

（安岡正篤「新編　大和 ― 自然と人間の大則」による）

（各条の副題は、旧岩村町教育委員会発行の冊子「幕末の大儒学者佐藤一斎」を参照しました）

言志録目録

言志後録目録

言志晩録目録

言志耋録目録

重職心得箇条

あとがき

「言志四録」との出会いは約三十数年前、川上正光先生全訳注「言志録」に遡り、力強く簡明な文章であったと深く印象に今も残っています。伊與田覚先生の論語学習会において「仮名論語」（伊與田覚先生謹書）との出会いがあり、そこで素読の素晴らしさを体験しました。川上正光先生が「言志録」の序文で述べられているように、ぜひ現代に「言志四録」の必要性を痛感し、素読のできる身近な座右の書となるようにしたく思い、勝川華舟先生に浄書をお願いしたところ、高齢にもかかわらず快諾していただき、「言志四録」全 一一三三 条のうちの一七四条の抄録を浄書していただきました。素読ができるだけでなく、眺めていても心が清々となるような書に仕上がったと思っています。（奇しくも岐阜県恵那市岩村町は義父勝川冨三吉（故人）の郷里であり、その縁のたまものと感謝しています。）

現代語の訳文や参照については、大変御多忙なところ、高齢にもかかわらず渡邉五郎三郎先生のご好意にあまえさせていただきました。心より先生には感謝しております。先生の「言志四録」への深い造詣を随所に感じとることが出来ると思います。

この書が出版されて約十年が経過しました。佐藤一齋先生が近々、生誕二百五十年を迎えられることを記念して、人生の指導者としての心構えを教えている「重職心得箇条」を掲載させていただきました。人生を力強くいきていく上で大いに役立てていただければ編者として望外の喜びであります。

令和二年五月

編者　識す

〔訳　者〕**渡邉五郎三郎**
一九一九年（大正八年）福岡県生まれ。
一九三六年（昭和十一年）旧制中学明善校を卒業し、南満工専機械科卒業。参議院議員秘書、国務大臣行政管理長官秘書官、福島県知事政務秘書を歴任。安岡正篤先生に師事。
著書に『組織の中の人間学』『人物に学ぶ』『南洲翁遺訓の人間学』『佐藤一斎一日一言（「言志四録」を読む）』など多数。
〔浄書者〕**勝川　華舟**（**絢子**）
一九二四年（大正一三年）大阪市生まれ。平成二九年　逝去
中村湖堂（父）、辻本　史邑先生（漢字）、桑田　笹舟先生（仮名）に長年師事した。
〔編　者〕**世良田　嵩**
一九四七年（昭和二二年）兵庫県生まれ。
一九七一年　姫路工業大学卒業。大阪市在住。

言志四録　抄録【増補版】
二〇〇九年一〇月一〇日　初版発行
二〇二〇年　七月　七日　六版発行

訳　者　渡邉　五郎三郎
編　者　世良田　嵩
発行者　佐久間保行
印刷所　㈱　興　学　社
発行所　㈱　明徳出版社
〒167-0052　東京都杉並区南荻窪一-二五-三
電話　〇三-三三三三-六二四七
振替　〇〇一九〇-七-五八六三四

ISBN978-4-89619-717-4